신을 아는 방법

요가 수뜨라

신을 아는 방법
요가 수뜨라

스와미 쁘라바와난다와 크리스토퍼 이셔우드 저

김병채 옮김

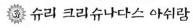 슈리 크리슈나다스 아쉬람

목차

옮긴이의 말

30대 후반에 박사학위의 논문 주제로 요가 수뜨라를 선택했다. 주제는 잘 선택한 것 같았다. 관련된 책들도 많이 구했다. 보통의 연구는 충분한 자료가 있고 그것들을 문헌적으로 고찰하거나 실험을 하면 논문이 만들어진다.

그러나 이 연구가 조금 진척을 보이자, 대상으로서의 연구가 아니라 주체의 연구라는 것을 알게 되었다. 더구나 인간 정신의 최고봉인 사마디에 대한 것이 주된 내용이라는 것을 알게 되었다.

이것은 인간의 이성을 넘어선 내용이다. 사마디도 여러 단계들이 있어서 그려볼 수조차 없었다. 다른 사람들의 경험을 가지고 이렇다 저렇다 할 수는 있겠지만 내가 조금이라도 그것을 경험해보아야 옳게 전개시킬 수 있을 것 같았다.

나는 그러한 경험들을 가지기 위하여 아무런 노력을 하지 않았다.

이것을 조금이라도 경험하기 위해서는 한 생애 동안의 노력으로도 가능하지 않다는 것도 알게 되었다. 논문을 더 이상 진행한다는 것은 불가능했다. 그래서 포기하였다.

그것이 씨앗이었는지 모르겠지만 사마디를 마음 깊은 곳에 간직하고 있었는가 보다. 그러다 인도의 고엥까 성자의 지도 아래 명상으로, 하리드와르에서 나의 스승님이 되실 빠빠지님의 은총으로 사마디들을 경험하게 되었다.

그런 경험들이 있은 후 많은 세월이 지나 이 책을 우연히 번역하게 되었다. 길을 가는 사람들이 여러 길에 대하여 다소라도 알고 가는 것이 시행착오를 줄일 수 있다는 생각이 들기도 한다. 길을 걸어본 사람이 여러 길들을 소개하는 것이 의미가 있다는 생각도 든다.

난 라자 요가의 길이 아닌 다른 길로 갔다. 그래서 사마디에 이르는 자세한 과정의 내용은 잘 모른다. 이 책에서는 자유에 이르기 위한 세세한 수련들과 여러 사마디들을 너무나 자세하게 기술하고 있다. 그래서 나의 경험들을 되돌아보는 기회와 여러 수련들이 인간의 마음의 어떤 내용을 변화시키고자 하는지를 선명히 알 수 있도록 해주어서 좋았다.

요가 수뜨라를 일찍 접했더라면 이론 및 경험들을 설명하는데 있어서 많은 시행착오들을 범하지 않았을 것이라는 인상이 머리를 스친다.

저자들께서는 적은 단어로 많은 것들을 설명해내는 탁월한 재능을 지니신 것 같다. 아니면 겸손, 아니면 지극히 절제된 성품을 지니신 것 같다. 요가의 전체 과정을 일목요연하게 제시하고 있는 책자는 많지가 않다. 특히 사마디들에 대한 자세한 설명은 다른 책에서는 보기 어려운 내용들이다.

이 책에서는 자연을 실체라고 전제하고 진행시켜 나간다. 다른 흐름에서는 환영, 신, 혹은 신의 에너지, 신 그 자체 등으로 설명하면서 자신의 길을 설명해나간다. 그래서 요가 수뜨라와는 다른 접근의 논리를 지니신 분들은 아마 혼란이 올 것이다. 물론 나중에는 모든 에너지가 하나 속으로 흡수된다. 그러면 물론 자연은 환영이 된다. 그때까지는 실체라는 견지를 결코 놓지 않고 있다.

두 번째로 여기에서는 궁극의 사마디에 이르기 위해서 낮은 몇 가지 사마디들을 거쳐 가는 것으로 나와 있다. 물론 하나하나씩 밟아나가는 구도자들도 있을 것이다. 그렇지 않고 단숨에 높은 사마디에 이르는 사람들도 있을 것이다.

요가 수뜨라는 마음의 물결들의 정지가 목표이다. 즉 마음을 어떻게 하는 길이다. 마음이 정지할 때 남는 것이 무엇인가를 생각해볼 수 있다. 그것을 궁극의 존재라든지, 붓다라든지, 평화라든지 할 수 있을 것이다. 그것에 대한 사랑의 길이나 다른 많은 길들이 있을 수 있다. 이 길들 모두는 물론 마음의 정지를 낳을 것이다. 모든 길들은 아름답다. 그러니 자신의 기호에 맞는 길을 열렬히 걸어가면 되는 것이다.

어느 성자는 진정한 수행은 최종적인 사마디 경험 이후에 시작 된다고 말씀하셨다. 나는 이 말에 동의한다.

책에서 매 수뜨라의 괄호 안의 내용 중 많은 것들은 번역자가 내용을 잘 이해할 수 있도록 붙인 것이며, 모든 주석들도 번역자가 단 것임을 알려드린다.

영문판 옮긴이의 서문

빠딴잘리의 요가 수뜨라는 철학에 대한 독창적 설명이 아니라 편집과 재구성 작업이었다.

요가 수행에 대한 언급 즉 신성에 대한 통합적 지식을 성취할 수 있게 해 주는 영적 수련과 명상의 기술은 이미 수 세기 전의 까따, 스웨따스와따라, 따잇띠리야, 마이뜨라야니 우빠니샤드에서 볼 수 있다. 사실 요가 교리는 선사시대부터 전해져 내려왔다고 할 수 있다.

빠딴잘리가 했던 일은 당시의 구도자들을 위해 요가 철학과 수행들을 고쳐 쓴 것이었다. 하지만 그의 시대는 언제였는가? 빠딴잘리는 누구였는가? 그에 대해서는 알려진 바가 거의 없다.

어떤 권위자들은 실제로 두 명의 빠딴잘리가 있었는데, 한 명은 문법학자이었고 다른 한 명은 수뜨라의 저자라고 믿는다. 다른 사람들은 이것을 부정한다.

수뜨라의 시대에 관해 학자들의 추측은 기원전 4세기부터 서기 4세기에 이르기까지 천차만별이다.

수뜨라라는 단어의 가장 단순한 의미는 "실"이다. 수뜨라는 말하자면 정교한 하나의 "구슬"은 아니다. 꼭 필요한 최소치, 설명exposition이라는 구슬들을 함께 묶기 위한 실들이다. 그리고 꼭 필요한 단어들만 사용된다. 또 완벽한 문장 구조도 보이지 않는다. 이 방법에는 그럴 만한 이유가 있었다.

수뜨라는 책이 없던 시대에 지어졌다. 전체 책은 암기되어야 했다. 그래서 그것은 가능한 한 간결하게 표현되어야만 했다.

고대의 스승들은 수뜨라를 외워서 암송했다. 그런 다음에 제자들을 위해 자신만의 해설로 그것을 더 상세히 기술했다. 어떤 경우에 이런 해설들 또한 암기되고 나중에 옮겨져서, 이렇게 우리를 위해 보존되었다.

이 번역으로 우리는 해설을 제공했을 뿐 아니라 수뜨라에 말을 덧붙이고 다른 말로 바꾸어 표현했다. 그래서 각각은 영어로 된 쉽게 이해할 수 있는 문장이 된다.

어떤 다른 번역가들은 이런 자유를 가지는 것을 내키지 않아 했다. 그래서 거의 글자 뜻 그대로이지만 교수의 강의 노트만큼이나 애매한 원문 버전을 제시했다. 그것은 그 해설을 주의 깊게 연구하기 전까지는 전혀 이해될 수 없다.

우리는 이런 유형의 번역이 독자에게 나쁜 심리적 영향을 미친다고 믿는다. 처음에 잠깐 보고 그 수뜨라들을 이해할 수 없으면, 그는 전체 주제가 자신에게는 너무 어렵다고 판단하기 쉽다.

어쨌든 요가 철학에 대한 연구에는 난관들이 충분히 존재한다. 불필요하게 그것들을 증가시키지 않는 것이 우리의 목표였다.

우리의 해설은 주로 우리 자신의 작품이다. 하지만 우리는 두 명의 고대 논평가인 보자와 비야사의 해설들을 따랐다. 또한 스와미 비베까난다의 뛰어나고도 아주 직관력 있는 논평들을 자주 인용했다.

이 논평들은 50년도 더 이전에 스와미가 미국에서 했던 클레스 도중 즉흥적으로 했다. 제자들이 그것들을 받아 적었고, 그것들이 그의 책 라자 요가에 수록되었다.

빠딴잘리 이전에, 요가는 원래 베단따 철학에 바탕을 두었기 때문에, 우리는 베단따의 관점에서 전체적으로 수뜨라들을 해석했다. 이 점에서 우리는 샹끼야 철학의 추종자였던 빠딴잘리와는 다르다.

그러나 이것들은 단지 기술적인 차이일 뿐, 읽는 사람이 혼란스러워지지 않도록 그것들을 너무 강하게 강조하지 않는 것이 가장 좋다. 그것들은 우리 해설의 적절한 시점에 간단하게 설명된다.

일반적으로 우리는 영적 삶에 대한 실제적인 도움, 모든 종교 즉 힌두, 기독교, 또는 다른 종교들의 헌신자들에 의해 사용될 수 있는 도움으로서 이 책을 제시하기를 소망해왔다.

그래서 추상적이고 오컬트적인 측면에 많이 집착하는 것을 피했다. 이런 것들에 대한 연구는 어떤 마음은 매료시킬 수도 있지만, 그것은 궁극적으로 무익하고, 너무 지나치면 심지어 위험할 수도 있다.

책을 작업하고 있을 때, 우리는 요가와 현대 서양 심리학의 비교를 그것에 도입해야 한다는 제안을 받았다. 그런 비교는 여러 작가들에 의해 이미 시도되었다. 이론과 기술에서 몇몇 흥미로운 유사점과 차이점이 언급되었다. 그러나 적어도 우리의 관점에서는 그 비교 자체가 타당하지도 않고 유효하지도 않은 것 같아 보인다. 요가 심리학은 완성된 결과물이다.

서양 심리학은 끊임없이 새로운 이론을 만들어 내고 있다. 낡은 이론들을 버리면서 여러 가지 다른 노선들과 함께 여전히 발전하고 있다. 어떤 사람이 "서양 심리학은 이런 견해를 가지고…"라고 단언적으로 말한다면, 그는 항상 부정확성으로 인해 질책을 받을 위험에 처해 있다.

하지만 우리는 안전하게 한 가지 진술을 할 수 있다. 아직 대다수의 서양 심리치료사들은 사람 안의 신성인 아뜨만의 존재를 인지하지 못하고 있다. 그래서 자신의 환자들이 요가의 완벽한 합일을 이루는 것을 도우려고 시도하지 않는다.

현재 그 수가 아주 많아지고 있는, 요가에 대해 진지한 관심을 가지고 있는 심리치료사들에 대해 말하자면, 그들 중 많은 사람들은 자신의 입장을 다음과 같이 분명히 말할 것이다. "우리는 어느 정도 즉 정신 신체적 수준에서 적절한 적응 정도로는 환자들을 도울 수 있다. 그 이상은 우리는 아직 준비가 되어 있지 않다. 우리는 더 높은 영적 통합의 가능성은 인지하지만 그것을 우리 치료의 일부로 만드는 것을 선호하지는 않는다. 그런 이유는 이 두 가지는 분리되어야 한다고 믿기 때문이다. 환자가 영적 통합을 원한다면, 우리는 그를 요가 스승이나 성직자에게 보내기만 하면 된다. 우리가 멈추는 곳에서, 요가는 시작한다."

그리고 현재로서는 문제가 거기에 있다.

끝으로, 다음 책들로부터 인용을 허가받은 것에 감사하게 생각한다.

캠브리지 대학 출판부에서 발행한 Erwin Schrodinger의 What Is Life?, R.M. French가 번역하고 런던의 Society for Promoting Christian Knowledge가 출판한 The Way of a Pilgrim과 The Pilgrim Continues His Way를 포함하는 책, 현대 작가들이 번역하고 New American Library가 출판한 Bhagavad-Gita, 헐리우드의 Vedanta Press가 출판한 다음 작품들: Shankara's Crest-Jewel of Discrimination (Prabhavananda-Isherwood), The Eternal Companion (Prabhavananda), The Upanishads (Prabhavananda-Manchester).

제1장

요가와 그 목적

1. 이제 요가의 가르침을 시작한다.

요가는 "합일"을 의미한다. 그것은 영어 단어 "yoke"의 산스끄리뜨이다. 또한 요가는 영적 합일의 방법을 의미하기도 한다.

요가를 통해 개인은 이렇게 덧없어 보이는 우주의 바탕을 이루는 실재인 신성과 하나가 되고자 하는 많은 방법들 중 하나이다. 그런 합일을 이룬다는 것은 완벽한 요가의 상태에 이르는 것이다.

기독교에는 이에 부합하는 용어인 "신비의 합일"이 있다. 그 용어는 비슷한 생각을 표현한 것이다.

이 수뜨라들에 대한 고전 논평가들 중 한 명인 보자는, 빠딴잘리의 요가라는 단어 사용을 "아뜨만(실재)을 비아뜨만 즉 눈에 보이는 것과 분리하려는 노력"이라고 정의하였다.

요가를 수행하는 사람을 요기라 한다.

2. 요가는 마음[1]의 생각의 물결들[2]의 정지이다.

빠딴잘리는 마음 즉 찟따는 마나스, 붓디, 아함까라라는 세 요소로 이루어져 있다고 하였다.

마나스는 감각들에 의해 외부 세계로부터 수집된 인상들을 그 받아들이는 기록 능력이다.

붓디는 이런 인상들을 분류하고 그것들에 반응하는 분별력이다.

아함까라는 스스로 이 인상들을 주장하고 그것들을 개별적 지식으로 저장하는 자아 감각이다.

예를 들자면 마나스는 말한다. "큰 생명체가 빠르게 다가오고 있다."

붓디는 결정한다. "그것은 황소이다. 화가 나 있다. 누군가를 공격하고자 한다."

아함까라는 소리친다. "황소는 나, 빠딴잘리를 공격하고 싶어 한다. 이 황소를 보고 있는 것은 나다. 나는 놀란다. 나는 막 달아나려는 참이다." 나중에, 근처 나뭇가지에서 아함까라는 다음의 말을 덧붙일 수도 있다. "이제 나는 이 황소(그것은 내가 아니다)가 위험하다는 것을 안다. 이것을 모르는 사람들도 있다. 내가 앞으로 이 황소를 피하게 만들어 줄 것은 나 자신의 개인적 지식이다."

---

1 (옮긴이의 주, 이하 표기 생략) 마음은 바사나와 생각들의 다발이다(Sivananda).
2 브릿띠 즉 물결들과 동일시하지 않으면 니르비깔빠 사마디를 얻는다(Sivananda).

신 즉 바탕을 이루는 실재는 정의상으로 본다면 어디에나 존재한다. 만약 실재가 존재한다면, 그것은 어디에나 있어야 한다. 그것은 모든 지각이 있는 존재 안에, 모든 무생물 안에 존재함에 틀림이 없다.

생명체 안에 있는 신은 산스끄리뜨로 아뜨만, 뿌루샤 또는 진정한 참나라고 한다. 빠딴잘리는 항상 글자 그대로 몸 안에 살고 있는 신 Godhead을 의미하는 말인 뿌루샤라는 용어를 쓴다.

그러나 우리는 이 번역에서는 아뜨만으로 대체할 것이다. 왜냐하면 구도자들에게는 이 용어가 더 익숙할 것 같아서였다. 우빠니샤드와 기따에 따르면, 아뜨만은 모든 생명체 안에 존재한다.

샹끼야 철학을 따르는 빠딴잘리는 각각의 개별 생명체와 물체는 독립적으로 존재하지만 동일한 뿌루샤를 가지고 있다고 믿었다. 이 철학적 차이점은 영적 구도자에게는 실제적으로 중요하지 않다.

마음은 지성적이고 의식이 있는 것처럼 보인다. 요가 철학은 그렇지 않다고 가르친다. 그것은 단지 빌린 지성과 의식일 뿐이다.

아뜨만은 지성이고, 순수한 의식이다. 마음은 단지 그 지성과 의식을 반사할 뿐이다. 그래서 의식이 있는 것처럼 보이는 것이다.

지식 혹은 지각은 마음속에 있는 생각의 물결들 즉 브릿띠들이다. 그러므로 모든 지식은 대상에 관한 것이다.

빠딴잘리에 의하면 마음은 보는 자seer가 아니라, 지식의 도구이다. 외부세계의 것들과 같이 지각의 대상이다. 서양 심리학자들이 말하는 자기 성찰 또는 자기 지식이라 부르는 것조차도 대상에 대한 것이다.

진정한 보는 자인 아뜨만은 아직 알려지지 않고 있다.

모든 지각은 자아 감각$^{ego\ sense}$을 불러일으킨다. 자아가 "나는 이것을 안다"라고 말한다. 그러나 이것은 아뜨만 즉 진정한 참나가 아니라 자아가 말하는 것이다. 자아는 아뜨만을 마음, 감각 등과 동일시하는 순간 만들어진다.

그것은 마치 작은 전구가 "나는 전류이다"라고 선언하고 나서, 전기는 필라멘트를 포함하고 있는 조롱박같이 생긴 유리 물체라고 묘사하는 것과도 같다.

그런 동일시는 터무니없다. 자아가 진정한 참나라고 주장하는 것만큼이나 터무니없다. 그럼에도 불구하고, 전류는 전구 안에 존재한다. 아뜨만은 모든 것 안에, 어디에나 존재한다.

외부 세계의 사건이나 대상이 감각들에 의해 기록될 때, 마음 속에서 생각의 물결들이 일어난다. 자아는 스스로를 이 물결과 동일시한다. 만약 생각의 물결들이 유쾌하다면, 자아는 "나는 행복하다"라고 느끼고, 그 물결들이 유쾌하지 않다면, "나는 불행하다"라고 느낀다.

이 잘못된 동일시는 우리의 모든 불행의 원인이다. 왜냐하면 자아의 일시적 행복감은 쾌락의 대상에 매달리려는 욕망, 불안을 야기하기 때문이다. 왜냐하면 이것은 앞으로 불행해질 가능성을 준비하고 있기 때문이다.

진정한 참나인 아뜨만은 영원히 생각의 물결들의 힘 바깥에 있다. 그것은 영원히 순수하고, 빛을 비추고 있으며, 자유롭다. 그것은 오직 참되고, 변하지 않는 행복이다.

그러므로 생각의 물결들과 자아가 동일시되는 한, 사람은 자신의 진정한 참나를 절대 알 수 없다는 결론이 따른다.

깨달음을 얻기 위해 우리는, 이 잘못된 동일시가 멈출 수 있도록 생각의 물결들을 통제해야 한다. "요가는 고통과의 접촉을 끊는 것이다." 라고 바가바드 기따는 우리에게 가르친다.

생각의 물결들의 작용을 묘사할 때, 주석가들은 간단하게 호수의 이미지를 이용한다. 만약 호수 표면에 물결들이 휘몰아치면, 물은 탁해지고 바닥은 보일 수 없다. 호수는 마음을 나타내고 호수 바닥은 아뜨만을 나타낸다.

빠딴잘리가 "생각의 물결들의 통제"에 대해 이야기할 때, 그는 일시적이고 피상적인 통제를 언급하는 것이 아니다. 많은 사람들은 요가의 수행이 "마음을 비우는 것"과 관련이 있다고 믿는다. 정말로 바란다면, 친구에게 당신의 머리를 타격하여 달라고 부탁함으로써 훨씬 더 쉽게 그런 상태를 달성할 수 있을 것이다.

자신에 가한 폭력에 의해서는 영적 이득이 얻어질 수 없다. 우리는 생각의 물결들을 기록하는 기관들에 충격을 가함으로 생각의 물결들을 살펴보려는 것이 아니다. 우리는 훨씬 더 어려운 일을 해야 한다.

즉 생각의 물결들과 자아의 잘못된 동일시의 과오를 알고 버리는 것이다. 이 버리는 과정에서 성 바울이 말하는 성격의 완전한 변형, 즉 '마음의 갱생'이 수반된다.

요가 철학이 의미하는 "성격"이란 무엇인가? 이것을 설명하기 위해서는 호수의 비유를 발전시킬 수 있다. 물결들은 단지 물의 표면만을 교란시키는 것이 아니라, 계속된 작용에 의해 호수 바닥에 모래나 차갈 둑들을 쌓기도 한다.

물론 그러한 모래 둑들은 물결들보다 훨씬 더 영구적이고 단단하다. 그것들은 마음의 잠재의식 및 무의식의 영역에 존재하는 경향성들, 잠재력 및 잠재적 상태들에 비유될 수 있다. 산스끄리뜨로 그것은 삼스까라들이라고 불린다.

삼스까라들은 생각의 물결들의 계속된 작용에 의해 만들어진다. 그것들은 다시 새로운 생각의 물결들을 만든다. 그 과정은 양방향으로 진행된다. 마음을 끊임없는 분노와 원망의 생각에 노출시키면, 당신은 이러한 분노의 물결들이 분노 삼스까라들을 만든다는 것을 발견할 것이다.

이것은 일상생활 내내 화를 낼 수 있는 상황을 찾기 쉽도록 만들 것이다. 잘 발달된 분노 삼스까라들이 있는 사람은 "나쁜 기질"을 가졌다고 말해진다.

사실 우리의 모든 삼스까라들의 총합이 그 순간의 우리의 성격이다. 하지만 조수나 해류가 변하면 모래 둑이 이동하고 그것의 모양이 변화되는 것처럼, 삼스까라들은 다른 종류의 생각의 물결들이 마음속에 유입됨으로 인해 수정될 수도 있다는 것을 잊지 말자.

이 주제에 관해서는 요가와 서양 과학 사이에 존재하는 해석의 차이를 언급하는 것이 가치가 있을 것이다.

모든 삼스까라들이 한 번의 인간의 삶을 사는 동안에 얻어지는 것은 아니다. 아이는 자신의 성품^{nature} 안에 이미 어떤 경향성들을 가지고 태어난다.

서양 과학은 그런 경향성들을 유전의 탓으로 돌리는 경향이 있다. 요가 철학은 그것들이 오래전에 잊혀진 생각과 행위의 결과로 이전 생들에서 획득되었다고 설명한다.

사실상 이 두 가지 이론 중 사람이 어떤 것을 선호하는지는 실제로는 중요하지 않다. 요가의 관점에서 "유전"은 다음과 같이 말하는 다른 방법일 것이다. 개인의 영혼은 자신의 삼스까라들과 같은 특정 부모, 특정 가정에서의 환생을 찾는다. 그렇게 함으로써 이미 소유하고 있는 자신의 경향성들을 "계승"한다.

요가 수행자는 자신의 삼스까라들이 어디로부터 왔는지 또는 얼마나 오랫동안 자신이 그것들을 가지고 있었는지 궁금해 하느라 시간을 낭비하지 않는다. 그는 그것들에 대한 모든 책임을 받아들이고, 그것들을 변화시키기 위한 노력을 시작한다.

물론 아직은 더 상급의 요가 수행을 할 준비가 되어있지 않은 마음들이 많이 있다. 만약 당신이 축 늘어지고 방치된 체격인데 발레 무용수들을 위한 수업에 참여하려고 한다면, 아마도 큰 부상을 입게 될 것이다.

당신은 몇 가지 간단한 수행부터 시작해야만 한다. "흩어져 있다"고 묘사될 수 있는 마음들이 있다. 그러한 마음들은 가만히 있지 못하고, 열정적이며, 집중을 하지 못한다. 건설적인 생각을 하지 못하는, 게으르고 기력이 없는 마음도 있다. 또한 어느 정도의 에너지는 가지고 있지만 오직 유쾌한 것에 대해서만 깊이 생각할 수 있는 마음들도 있다. 그런 마음들은 유쾌하지 못한 삶의 측면들은 피한다.

그러나 모든 마음은 그것의 현재 성향이 어떠하든지 궁극적으로는 단련되고 변형될 수 있다.

빠딴잘리의 표현대로라면 "한 점으로 향할" 수 있고 완벽한 요가의 상태에 이르기에 적합해질 수 있다.

3. 그러면 그는 자신의 진정한 성품(아뜨만³)에 있다.

마음의 호수가 깨끗하고 잔잔해지면, 사람은 있는 그대로의 자신, 항상 그랬고 앞으로도 그럴 것인 자신을 알게 된다. 그는 자신이 아뜨만임을 알게 된다.

그의 "성격", 자신을 독립적이고 특별한 개인이라고 생각하는 잘못된 믿음은 사라진다. "빠딴잘리"는 자신이 선택하는 대로 취하거나 벗을 수 있는 코트나 마스크처럼 단지 겉 덮개이다. 그런 사람을 자유롭고 깨달은 영혼이라 한다.

---

3   아뜨만, 보는 자, 평온한 목격자.

4. 다른 때들에는, 즉 요가에 있지 않을 때는, 사람은 생각의 파동들과 동일시한 채 있다.

5. 다섯 종류의 생각의 물결들이 있다. 어떤 것들은 고통스럽고(끌리슈따) 어떤 것들은 고통스럽지 않다(아끌리슈따).

빠딴잘리의 용어 사용에 의하면 "고통스러운" 물결이란 반드시 마음속에서 그것이 처음 일어날 때 고통스러워 보이는 물결은 아니다. 그것은 그것과 함께 커져가는 무지, 중독, 속박을 불러일으키는 물결이다.

마찬가지로, 처음에 고통스러워 보이는 물결은 더 큰 자유와 지식 쪽으로 마음이 향하게만 한다면, 실제로는 "고통스럽지 않은" 물결의 범주에 속할 수도 있다.

예를 들어, 빠딴잘리는 욕정에 찬 생각의 물결을 "고통스럽다"고 묘사했다. 욕정은 기분 좋게 충족된다 할지라도 그것을 바라는 사람에게 중독, 질투, 속박을 야기하기 때문이다.

반면에 연민의 물결은 "고통스럽지 않은" 것으로 묘사된다. 왜냐하면 연민이 우리 자신의 이기심의 속박을 느슨하게 해 주는, 이기적이지 않은 정서이기 때문이다. 다른 사람이 고통스러워하는 것을 볼 때 우리는 아주 고통스러울 수도 있지만, 우리의 연민은 이해를 가르쳐 줄 것이다. 그래서 자유를 가르쳐 줄 것이다.

두 종류의 생각의 물결들 간의 이 구분은 실제적인 요가수련의 수행에 있어서 아주 중요하다. 왜냐하면 생각의 물결들은 즉시 통제될 수 없기 때문이다.

먼저 우리는 "고통스럽지 않은"물결들을 일으킴으로써 "고통스러운" 생각의 물결들을 극복해야 한다. 우리는 사랑, 관용, 진리의 생각으로 분노, 욕망, 망상의 생각에 저항해야 한다.

"고통스러운" 생각의 물결들이 완전히 잔잔해진 훨씬 뒤에야, 우리는 두 번째 수련의 단계 즉 우리가 의도적으로 만들어낸 "고통스럽지 않은" 물결들의 정지still로 진행할 수 있다.

결국엔 "선량하고" "순수하며" "진실 된" 생각의 물결들조차도 극복해야 한다는 생각은 도덕에 대한 서양의 접근법을 훈련받은 학생에게 처음에는 충격적으로 보일 수도 있다. 그러나 조금만 곰곰이 생각해보면 그는 이것이 그래야 한다는 것을 알 수 있을 것이다.

가장 아름다운 겉모습과 고귀한 현현에서조차도 외부 세계는 여전히 피상적이고 일시적인 것이다. 그것은 기본적 실재가 아니다. 아뜨만을 보기 위해서는 그것을 그냥 바라보는 것이 아니라 꿰뚫어봐야 한다.

분명, 미워하는 것보다 사랑하는 것이 더 낫고, 비축하는 것보다 나눠주는 것이 더 낫고, 거짓말하는 것보다 진리를 말하는 것이 더 낫다. 그럼에도 불구하고 이런 선의 수행을 자극하는 생각의 물결들은 마음의 소란이다.

우리 모두는 위대한 개혁 운동이나 사회 구제 사업에 너무 깊이 관여하게 되어 일상적 일의 실질적인 문제를 넘어서는 어떤 것도 생각할 수 없게 된 존경스럽고 성실한 사람들의 예를 알고 있다. 그들의 마음은 고요하지 않다. 그들은 불안과 동요로 가득 차 있다.

진정으로 깨달음을 얻은 사람의 마음은 고요하다. 이는 그가 다른 사람들의 욕구에 대해 이기적으로 무관심하기 때문이 아니라, 모든 것들의 안에 있고, 심지어 고통, 질병, 갈등과 바람의 겉모습 안에도 있는 아뜨만의 평화를 알기 때문이다.

6. 다섯 종류의 생각의 물결들은 올바른 지식(쁘라마나), 그른 지식(비빠리야야), 언어적 망상(비깔빠), 수면(니드라) 그리고 기억(스므리띠)이다.

7. 올바른 지식들은 직접적인 지각(쁘라띠약샤), 추론(아누마나) 그리고 (권위 있는) 경전의 증언이다.

망상의 요소가 없었다면, 우리의 감각들이 지각하는 것은 무엇이든지 올바른 지식이다.

우리의 직접적인 지각으로부터 추론하는 것이 무엇이든, 우리의 이성이 옳다면 그것 또한 올바른 지식이다.

경전들은 위대한 영적 스승들이 완벽한 요가의 상태에서 획득한 초의식의 지식에 기반을 두고 있다. 그러므로 그것들 또한 올바른 지식이다. 그것들은 감각들의 지각보다 훨씬 더 즉각적인 일종의 직접적 지각에서 나온 것이다. 그들이 가르치는 진리는 이 초의식의 비전에 이르는 누군가에 의해 입증될 수 있다.

8. 그른 지식은 사실에 근거하지 않은 거짓 지식이다.

요가 문헌에 제시된 고전적 예는 뱀으로 오해받은 밧줄의 예이다. 이 경우에, 그릇된 지식은 우리가 밧줄을 두려워해서 그것을 피하거나 죽이려 하게 만들 것이다.

9. 언어적 망상은 말들이 실재와 일치하지 않을 때 일어난다.

언어적 망상(상상)의 흔한 모습은 성급히 결론을 내리는 것이다. 우리는 누군가가 말을 하는 것을 듣고, 그 말의 의미에 대한 성급하고 부정확한 그림을 만들어낸다.

정치적 연설에서는 우리는 이중적 언어 망상을 종종 발견할 수 있다. 말하는 사람은 자신의 말이 실제에 일치한다고 믿지만, 청중들은 그것을 다른 것에 갖다 붙인다. 둘 다 잘못된 것이다. "민주주의 정신", "미국적 삶의 방식" 등과 같은 그런 표현들은 신문과 라디오를 통해 매년 엄청나게 많은 언어적 망상을 낳는다.

10. 잠은 무[nothingness]에 대한 생각의 물결이다.

다시 말해서, 꿈이 없는 잠은 마음 안에 생각의 물결들이 없는 것이 아니라, 무에 대한 정적인[positive] 경험이다. 그러므로 그것은 물결이 없는 요가의 상태와 혼동될 수 없다.

만약 잠자는 동안 마음속에 생각의 물결들이 없었다면, 우리는 우리가 아무것도 알지 못했다는 것을 기억하면서 깨어나서는 안 된다.

라다크리슈난은 자신의 책 인도 철학에서 다음과 같이 말하였다. 아무개 씨는 자고 난 후에도 계속 아무개 씨이다. 그것은 그의 경험들이 그가 잠이 들던 때에 존재했던 시스템에 그것들을 통합시키기 때문이다. 그의 경험들은 그의 생각에 그것들을 연결하고 다른 누군가의 생각으로 날아들지는 않는다. 경험의 그런 지속성은 우리가 모든 의식의 내용의 기반을 이루는 영속적인 참나를 인정할 필요가 있도록 만든다.

11. 기억은 지각(경험)한 대상들의 이미지들이 잊혀지지 않고 의식으로 돌아오는 것이다.

기억은 일종의 이차적 생각의 물결이다.

직접적 지각의 물결은 더 작은 물결이나 일련의 물결들을 일어나게 한다.

잠의 생각의 물결은 또한 우리가 꿈이라 부르는 더 작은 물결들을 만들어낸다.

꿈은 잠 속에서 기억하는 것이다.

12. 그것들은 수행(아비야사)과 무집착(바이라기야)으로 통제된다.

13. 수행은 생각의 물결들을 통제해주는 노력을 반복적으로 하는 것이다.

14. 수행은 진지한 헌신으로 중단이 없이 오랫동안 했을 때 자리를 잡는다.

15. 무집착은 자기 정복이다. 그것은 보거나 들었던 것들에 대한 욕망으로부터의 자유(벗어남)이다.

마음의 물결들은 두 개의 반대 방향으로 흘러가도록 만들어질 수 있다. 즉 객관적 세계 즉 "욕망에 대한 의지"를 향해 또는 진정한 자기 지식 즉 "해방에 대한 의지"를 향해 나아갈 수 있다.

따라서 수행과 집착하지 않음은 둘 다 꼭 필요하다. 사실, 하나가 없이 다른 하나를 시도하는 것은 소용이 없다. 심지어 위험하기까지 하다.

욕망이라는 생각의 물결들의 통제를 시도하지 않고 영적 수련들을 수행하려고 한다면, 우리의 마음은 격렬하게 동요할 것이다. 아마도 우리의 마음은 영구적으로 불균형하게 될 것이다. 만약 그것들에 반대되는 사랑, 연민, 헌신의 물결들을 기르지 않고, 욕망의 물결들에 대한 엄격하고 부정적인 통제만을 시도한다면, 그 결과는 훨씬 더 비극적일 수 있다.

이것이 바로 일부의 엄격한 청교도들이 갑자기 그리고 이해하지 못하게 자살하는 이유이다. 그들은 "선해"지려는 냉정하고도 엄격한 노력을 한다. 즉, "나쁜" 생각들을 하지 않으려 한다. 모든 인간이 때때로 그러하듯이, 실패를 하면 그들은 이 굴욕을 대면할 수가 없다. 그들의 자존심은 상처를 받는다. 그래서 내면에 공허함이 있다.

도덕경(67)에 이런 말이 있다. "하늘도 사람들을 구하고자 하면 자애로 그들을 호위한다.

이 연결에서 인내심은 아주 중요하다. 아무리 수치스럽거나 굴욕적인 어떤 일시적인 실패도 투쟁을 포기하는 구실로 사용되어서는 안 된다. 스키 타는 것을 배우려 할 때, 우리는 넘어진다거나 우스꽝스럽게 뒤엉킨 자세로 누워 있는 것을 알게 되더라도 부끄러워하지 않는다. 우리는 스스로 일으켜 세워서 다시 시작한다. 사람들이 웃고 조롱하더라도 신경을 쓰지 말라.

위선자가 아니라면, 우리는 구경꾼들에게 어떤 인상을 주든 상관하지 않을 것이다. 완전히 노력을 멈추지 않는 한 실패는 결코 진짜 실패가 아니다. 사실 그것은 변장한 축복일 수도 있다. 절실히 필요한 교훈일 수도 있다.

집착하지 않음은 분별의 연습이다. 우리는 스스로에게 다음과 같이 질문함으로써 "고통스럽거나" 순수하지 못한 생각의 파도들에 대한 통제력을 서서히 얻는다.

"왜 나는 그 대상을 정말로 바라는가? 그것을 소유함으로써 나는 어떤 영구적인 이득을 얻는가? 그것의 소유가 내가 더 큰 지식과 자유를 향하도록 어떤 방법으로 도와줄 것인가?"

이 질문들에 대한 답들은 항상 당황스럽다. 그것은 해방에 대한 수단들로는 소용이 없다는 것을 보여준다. 그럴뿐더러 무익하며, 무지와 속박으로 나아가게 하기에 잠재적으로 해롭다는 것을 보여준다. 더 나아가서 우리의 욕망은 실제로는 대상 그 자체에 대한 욕망이 아니라, 단지 무엇인가를 바라는 욕망, 한낱 마음속의 동요임을 우리에게 보여준다.

고요한 순간에 이 모두를 추론하는 것은 꽤 쉽다. 하지만 마음이 갑자기 거대한 분노, 욕정 또는 탐욕의 물결에 휩쓸려 있을 때는 우리의 집착하지 않음은 커다란 시험에 놓인다.

단지 의지의 결연한 노력에 의해서만, 우리는 우리의 이성이 이미 알고 있는 것을 상기할 수 있다. 이 물결이 그리고 그것을 일으키는 감각 대상이 그리고 경험을 자아 자체와 동일시하는 자아 감각이 모두 똑같이 덧없고 피상적이라는 것을 기억할 수 있다.

집착하지 않음은 아주 천천히 올 수 있다. 그러나 아주 초기 단계들일지라도 새로운 자유와 평화의 느낌으로 보상받는다. 그것은 결코 엄격함^{austerity}, 일종의 자기 학대, 암울하고 고통스러운 것으로 생각되어서는 안 된다.

집착하지 않음의 수행은 가장 지루한 날의 가장 평범한 사건들에도 가치와 의미를 부여한다. 그것은 우리 삶에서 지루함을 제거한다. 그리고 점점 커져가는 자제력을 발전시키고 얻을수록, 우리는 정말로 필요로 하거나 원하는 어떤 것도 포기하고 있지 않는다는 것을 알게 될 것이다.

우리는 단지 가상의 필요와 욕망들로부터 스스로를 자유롭게 하고 있다. 이런 정신으로, 영혼은 삶의 최악의 재앙들을 고요하고 흔들리지 않으면서 받아들일 수 있을 정도로까지 점점 자란다.

그리스도는 "나의 멍에는 쉽고 내 짐은 가볍기 때문에"라고 말했다. 그 의미는 감각에 집착하는 평범하고 분별이 없는 삶은 실제로 우리를 자유롭게 해 줄 수련보다 훨씬 더 고통스럽고, 짊어지기에 훨씬 더 힘들다는 것이다. 우리는 그리스도의 이 땅에서의 삶이, 그럼에도 불구하고 십자가에서 끝이 나버리는 비극적인 것으로 생각하도록 훈련받았기에, 이 말을 이해하기는 어렵다. 그리스도의 삶은 분명 영광스럽고 고무적인 비극이었다.

오히려 우리는 스스로에게 질문해야 한다. "그리스도의 깨달음과 집착하지 않음으로 십자가에 매달리는 것과 불쌍한 도둑의 무지, 괴로움, 속박으로 거기에서 고통을 받는 것 중 어느 것이 더 편안할까?" 우리가 준비되어 있든 그렇지 않든, 어쨌든 십자가는 우리에게 올 수도 있다.

16. 아뜨만의 지식으로(아뜨만을 깨달아), 자연의 속성인 현현(구나)들에 대한 갈망이 그치면 그것이 최고의 무집착이다.

집착하지 않음은 무관심이 아니다. 이것은 아무리 반복해도 지나치지 않다. 많은 사람들은 요가 철학의 목적이 "비인간적"이고 "이기적"이라고 생각하여 거부한다. 그들은 요가를 자신의 구원을 이루기 위해 모든 사람과 모든 것을 냉혹하게 고의적으로 피한다고 생각한다.

사실은 정반대이다. 인간의 사랑은 우리 대부분이 아는 최고의 정서이다. 그것은 한 명이나 그 이상의 개인과의 관계에서 우리를 이기심으로부터 어느 정도 해방시킨다. 인간의 사랑은 여전히 소유욕이 강하고 배타적이다.

아뜨만에 대한 사랑은 둘 다 아니다. 우리는 사람들을 단지 그들의 아름다움, 지성, 힘, 유머감각, 또는 다른 특성들 때문이 아니라 "그들의 있는 그대로의 모습"을 사랑하는 것이 더 좋다는 것을 기꺼이 인정한다. 하지만 이것은 단지 모호하고 상대적인 어구이다.

사람들의 "있는 그대로의 모습"은 다름 아닌 아뜨만이다. 우리 안에 있는 아뜨만을 사랑하는 것은 어디에나 있는 아뜨만을 사랑하는 것이다. 어디에나 있는 아뜨만을 사랑하는 것은 자연의 현현 너머에 있는 자연 안의 실재로 나아가는 것이다.

그런 사랑은 너무나 방대해서 보통의 마음으로는 이해할 수 없다. 그럼에도 불구하고 그것은 그야말로 우리 모두가 경험하는 작고 한정된 사랑의 무한한 심화와 확장이다.

평범한 인간의 방식에서 누군가를 사랑하는 것은, 그 사람 안에 있는 엄청나고, 경외심을 불러일으키며, 영원한 어떤 것을 짧고 희미하게 얼핏 보는 것이다.

무지로 인해 우리는 이 "어떤 것"이 독특하다고 생각한다. 그 또는 그녀는 어느 누구와도 다르다고 우리는 말한다. 그것은 실재에 대한 우리의 지각이 외적인 현현으로 흐려지고 모호해지기 때문이다.

외적인 현현이란 우리가 사랑하는 사람의 성격과 개인의 특성들이다. 우리는 자신의 자아 감각으로 그 현현들에 반응을 한다.

그럼에도 불구하고, 지각의 이 약한 번쩍임은 유효한 영적인 경험이다. 그것은 우리로 하여금 우리의 마음을 정화시키도록 북돋아서, 그 마음이 언제나 우리를 기다리고 있는 그 무한하게 더 큰 사랑에 적합하도록 만들어야 한다.

이 사랑은 우리 인간의 사랑처럼 불안하거나 일시적이지 않다. 그것은 안전하고 영원하며 고요하다. 그것은 사랑하는 사람과 사랑받는 사람이 하나가 되었기 때문에 욕망으로부터 완전히 자유롭다.

바가바드 기따(2장, 70)에서 인용한 다음의 것을 주목하라.

강물은 바다로 계속 흘러 들어간다.

그러나 바다는 결코 어지럽혀지지 않는다.

욕망은 보는 자의 마음 안으로 흘러 들어간다.

그러나 그는 어지럽혀지지 않는다.

보는 자는 평화를 안다…

그는 욕망을 잊어버린 사람의 평화를 안다.

그는 갈망이 없이 산다.

자아로부터 자유롭고, 자만심으로부터 자유롭게.

17. 한 대상에 대한 집중[4]은 네 단계들에 이를 것이다. 그것들은 조사[5], 분별[6], 즐거운 평화[7] 그리고 개별성에 대한 단순한 자각[8]이다.

이것과 다음의 수뜨라를 이해하기 위해서는, 우리는 이제 베단따 철학이 제시한 우주의 구조를 공부해야 한다. 베단따는 베다 즉 초기의 힌두 경전의 가르침에 기초를 둔 철학이다. 먼저 기본적 실재를 생각해 보자.

어떤 특정한 생명체나 사물의 가장 내면의 참나로 생각되는 실재

---

4   유상 사마디
5   비따르까 사마디
6   비짜라 사마디
7   모든 관념들 너머에 있는 즐거움인 아난다 그 자체에 집중할 때. 명상 수행으로 일어나는 내적인 달콤함의 느낌(Dennis Hill)
8   개별적이고 순수한 나, pure I am ness, Is-ness, 아스미따 루빠, 순수한 주관성인 "I am"의 자각만이 있을 때. 마음이 정지하고, 고요한 그리고 편파적이지 않은 목격자에 대한 자각(Dennis Hill)

는, 우리가 이미 보았듯이 아뜨만이라 불린다. 우주적 측면에 대해 실재를 말할 때, 그것을 브람만이라 한다.

서양 사람들에게 처음에 이것은 혼란스럽게 들릴 수도 있지만, 그 개념은 그들에게 낯선 것이 아니다. 기독교 용어는 두 가지 어구 즉 내재하는 신, 초월적인 신을 사용한다. 이것은 비슷한 구분이다.

힌두와 기독교 문헌에서 우리는 이 위대한 역설 즉 신은 안에도 있고 바깥에도 있으며, 바로 있으며 무한한 모든 곳에도 있으며, 원자 안에 있고 또 모든 것들에도 있다는 말을 다시 또다시 말해지는 것을 발견한다.

그러나 이것은 똑같은 실재, 똑같은 신이다. 우주와의 두 관련성에서 본 것이다. 이 관련성들은 우리가 그것들에 대해 생각하는 것을 도와주기 위한 두 개의 다른 단어일 뿐이다. 그것들은 둘이 서로 다르다는 의미는 아니다. 아뜨만과 브람만은 하나이다.

이 우주는 무엇인가? 그것은 무엇으로 만들어지는가? 베단따는 우주가 기본적이고 분화되지 않은 마음과 물질의 재료인 쁘라끄리띠로 만들어진다고 가르친다.

열이 불의 힘 혹은 결과라는 의미에서, 쁘라끄리띠는 브람만의 힘 혹은 결과라 정의된다. 열이 그것을 야기하는 불과 별개로 존재할 수 없는 것처럼, 쁘라끄리띠는 브람만과 떨어져서는 존재할 수 없다.

그 둘은 영원히 뗄 수 없다. 브람만이 쁘라끄리띠의 싹을 나오게 한다. 브람만이 쁘라끄리띠를 불러일으킨다.

빠딴잘리는, 뿌루샤 즉 아뜨만과 쁘라끄리띠라는 둘이 별개의 존재라는 것, 둘 다 똑같이 실재하고 영원하다고 믿는 점에서 베단따와는 다르다.

그러나 빠딴잘리는 또한 개인의 뿌루샤가 쁘라끄리띠로부터 완전히 해방되고 분리되어질 수 있다고 믿었기 때문에, 그는 사실 영적 삶의 목적과 목표에 대해서는 베단따와 완전히 일치했다.

왜 브람만은 쁘라끄리띠를 불러일으키는가? 이것은 사람이 만든 어떤 철학 용어로도 답해질 수 없는 질문이다. 인간의 지성 그 자체는 쁘라끄리띠 안에 있기 때문이다. 그러므로 그것의 내용을 이해할 수 없다.

위대한 보는 자^{seer}들은 자신의 완벽한 요가의 상태에서 브람만과 쁘라끄리띠와의 관계의 내용을 경험할 수도 있다.

그러나 완전한 관점에서 쁘라끄리띠는 존재하지 않기 때문에, 논리의 용어와 언어로 우리에게 그의 지식을 전달할 수는 없다. 그것은 실재가 아니다. 그렇다고 실재가 아닌 다른 것도 아니다.

그것은 우리 인간의 감각들로 보면 실재이다. 왜곡되고, 제한되고, 잘못 해석된 실재이다. 우리는 작업가설로서 이것이 그렇다는 보는 자의 확신을 받아들일 수도 있다. 그러나 우리의 지성은 당황해서 그 엄청난 신비로부터 물러선다.

초의식의 경험이 부족하기 때문에, 우리는 말하는 것을 듣는데
picture-talk 만족해야 한다. 우리는 감사하게 셸리의 유명한 시구로 되돌

아간다.

여러 색의 유리로 된 돔과 같은 삶은

영원이라는 흰빛을 얼룩지게 한다.

철학적으로 이 말들은 다소 모호할 것이다. 셸리가 뜻하는 "삶"이라
는 것이 아주 분명하지가 않다. 그러나 그것들은 우리에게 유용하고도
아름다운 이미지를 제공한다.

만약 우리가 브람만을 "흰 빛"이라고 생각한다면, 쁘라끄리띠는 빛
광선이라는 원래의 내용을 가리는 색상들이다.

쁘라끄리띠는 마음과 물질의 기본적이고 분화되지 않은 재료라고
했다. 그것은 이 눈에 보이는 우주의 아주 다양한 현상과 어떤 관계가
있는가?

이 질문에 대답하기 위해 우리는 창조의 모든 과정을 처음부터 추
적해 보아야 한다. 우리는 고의적으로 "창조"라고 말한다.

왜냐하면 힌두 철학은 창조와 소멸을 끊임없이 되풀이되는 과정으
로 보기 때문이다. 가끔 우주가 끝날 때 또는 겉으로 보기에 사라질
때, 분화되지 않은 쁘라끄리띠로 되돌아가서 거기에 일정 기간 동안
잠재적 "씨앗의 상태"로 남아 있다고 말한다.

그러면 그것의 재창조의 메커니즘은 무엇인가? 쁘라끄리띠는 삿뜨
와, 라자스, 따마스라는 세 힘들로 구성되어 있다고 한다. 그것들을 종

합적으로는 세 구나들이라고 한다. 세 구나들과 그것의 각각의 특징들은 곧 설명할 것이다,

이 구나들은 균형의 양상과 불균형의 양상들을 거친다. 서로에 대한 그들의 관계의 내용이 그러하기 때문에 그것은 끊임없는 변화의 지배를 받는다. 구나들이 균형을 유지하는 한, 쁘라끄리띠는 분화되지 않은 채로 있다. 그때 우주는 잠재적인 상태로 있다.

균형이 방해받으면, 우주의 재창조가 시작된다. 구나들은 아주 다양한 조합으로 들어간다. 그것들은 모두 불규칙적이다. 하나 또는 다른 구나가 나머지 것들보다 우위를 차지한다. 그래서 우리의 세계를 구성하는 아주 많은 물리적이고 초감각적인psychic 현상들을 가진다.

그와 같은 세계는 구나들이 균형을 다시 한번 찾을 때까지 계속해서 그것들의 형태를 증가시키고 다양화시킨다. 그러다가 분화되지 않은 새로운 양상들이 시작되어 잠재적으로 있다.

과학을 잘 이해하는 사람들은 베단따 우주론을 최근의 원자 물리학 이론과 비교할 수 있다. 그러면 그는 두 시스템 사이에서 많은 닮은 점을 발견할 것이다.

구나들은 어떤 때는 "에너지들"로, 또 어떤 때는 "속성들"로 묘사된다. 그러나 그것들의 전체 내용과 기능을 정의할 수 있는 영어 단어는 없다. 종합적으로, 그것들은 반대되지만 또한 상호보완적이기도 하는 힘을 지닌 삼각형으로 생각될 수 있다.

진화의 과정에서, 삿뜨와는 실현되어야 하는 형태의 본질이다. 따

마스는 그것의 실현에 대한 잠재적 장애물이다. 라자스는 그 장애물이 제거되고 본질적인 형태를 나타나게 하는 힘이다. 우주의 예보다는 인간의 예를 들어보자.

조각가는 말의 형상을 만들기로 한다. 이 말의 아이디어 즉 자신의 상상 속에서 보는 말의 형태는 삿뜨와에 의해 영감을 받는다.

이제 그는 흙덩어리를 가져온다. 이 흙은 따마스의 힘을 나타낸다. 흙의 형태 없음은 극복해야 할 장애이다. 아마도 따마스의 내용도 조각가의 마음속에 있을 것이다.

그는 이렇게 생각할지도 모른다. "이것은 아주 큰 일이 될 것이다. 그것은 아주 힘들다. 나는 지쳤다. 왜 내가 노력을 해야 하는가?" 그러나 여기에 라자스의 힘이 그의 도움으로 온다.

이 경우에 라자스는 그 자신의 무기력함을 이겨내려는 조각가의 의지와 그의 중재의 어려움이다. 그것은 또한 그가 자신의 작업을 완성하는데 드는 근육의 노력이기도 하다. 만약 충분한 양의 라자스가 생긴다면, 따마스의 장애물은 극복된다. 삿뜨와의 이상적인 형태가 유형의 흙의 모습으로 나올 것이다.

이 예에서 보면, 세 구나들 모두가 창조의 작용에 필수적임은 명백하다. 삿뜨와 하나만으로는 단지 실현되지 않은 생각일 뿐이다. 삿뜨와가 없는 라자스는 한낱 목표가 불분명한 에너지이다. 따마스가 없는 라자스는 지렛대가 없는 지레가 될 것이다.

만약 구나들을 개별적으로 설명하고자 한다면, 삿뜨와는 순수하고 이상적이며 고요한 모든 것을 나타내며, 반면에 라자스는 행동, 움직임, 격렬함으로 그 스스로를 표현하며, 따마스는 견고함, 부동의 저항, 활발치 못함을 표현한다.

위에서 말했듯이, 세 구나들은 모든 것에 있지만, 하나의 구나가 항상 우위를 차지한다.

예를 들어, 삿뜨와는 햇빛에서 우위를 차지하며, 라자스는 화산이 폭발할 때, 그리고 따마스는 화강암 덩어리에서 우위를 차지한다.

사람의 마음에서, 구나들은 극도의 불안정한 관계에 있을 때 보통 발견된다. 그러므로 하루 동안에 우리는 많은 기분들을 거친다.

삿뜨와는 영감, 사심이 없는 애정, 조용한 즐거움, 그리고 명상적인 고요함의 순간들을 생기게 한다.

라자스는 우리의 격분과 격렬한 욕망의 폭발을 야기한다. 그것은 우리를 불안하고 불만족스럽게 만든다. 그러나 또한 우리의 건설적 활동, 에너지, 열정과 용기라는 더 나은 양상도 담당한다.

따마스는 삿뜨와와 라자스가 퍼져 있지 않을 때마다 우리가 그 안으로 가라앉게 되는 정신의 늪지이다. 따마스의 상태에서, 우리는 가장 나쁜 특성인 나태, 어리석음, 완고함, 무기력한 절망을 내보인다.

바가바드 기따의 몇몇 장은 구나와 그것들의 현현을 많이 다루고 있다.

영적 구도자들은 분별의 수련으로 그것들을 초월하라는 충고를 듣는다. 생각의 물결들에 대한 빠딴잘리의 수뜨라들을 논의하면서 우리는 이미 이 수련들을 설명하였다. 왜냐하면 생각의 물결들은 물론 구나의 힘들의 투사이기 때문이다.

바가바드 기따(14장 22-23)는 말한다. "삿뜨와의 빛이나 라자스의 활동, 또는 심지어 따마스의 망상 같은 것들이 널리 퍼져 있을 때도 그것들을 싫어하지 않고, 그것들이 멈춘 후에도 그것들을 갈망하지 않을 때, 그는 구나를 초월했다고 말해진다."

그는 무관심하게 앉아 있는, 구나들에 의해 방해받지 않는 사람과 같다. 그는 그것들이 모든 행위의 행위자임을 알고 분별의 힘을 결코 잃지 않는다. 그는 행복과 고통을 하나로 여기며, 내면의 아뜨만의 고요 안에서 쉰다."

구나들의 상호작용이 창조 과정의 원동력을 제공한다는 것을 우리는 보아왔다. 이제 우리는 그것의 단계들을 생각해 볼 수 있다.

힌두 시스템에서, 분화되지 않은 쁘라끄리띠로부터의 진화의 첫 번째 단계는 "대원인the great cause" 즉 마하뜨mahat라 한다. 마하뜨는 우주적 자아ego sense, 즉 분화되지 않은 의식의 첫 번째의 출현이다. 그것은 어쩌면 창세기에서 언급되는, 물의 표면 위에서 움직이는 영Spirit과 비교될 수 있다.

마하뜨로부터 이미 설명된 분별의 능력인 붓디가 전개되어 나온다. 붓디로부터 개별적 자아인 아함까라가 진화된다. 아함까라로부터 진화의 선은 기록의 능력인 마나스를 만들어내고, 이것은 세 개의 다른 방향들로 갈라진다.

다섯 지각의 힘들(시각, 후각, 청각, 미각, 촉각), 다섯 행위 기관들(혀, 발, 손, 배설기관, 생식기관) 그리고 다섯 가지 딴마뜨라들이다. 그것은 소리, 느낌, 외관aspect, 맛, 향의 미묘한 내적 에센스들이다.

이 미묘한 내적 에센스들이 결합하고 재결합하여 외부 우주를 구성하는 흙, 물, 불, 공기, 에테르를 만들어낸다.

이 모든 것을 간단하게 요약하면, 창조는 여기에서 분화되지 않은 것으로부터 분화된 의식으로, 마음에서 물질로, 밖으로 향하는 진화로서 설명된다.

말하자면 순수한 의식은 잇따른 무지와 구분의 층들로 서서히 뒤덮인다. 눈에 보이고 만질 수 있는 세계의 외적 물리적 표면에서 그 과정이 끝날 때까지 나아간다. 각 층은 그 이전의 층보다 더 거칠고 두껍다.

빠딴잘리의 명상 기법을 이해하고자 한다면 진화에 대한 이 생각을 마음속에 분명히 가지고 있을 필요가 있다.

왜냐하면 명상은 거꾸로 가는 진화이기 때문이다. 명상은 퇴화devolution의 과정이다. 명상의 마음은 삶의 표면에서 시작해서, 겉으로 드러난 것의 뒤에 있는 원인, 그다음엔 그 원인의 뒤에 숨겨져 있는 원인을 찾는다. 그래서 가장 내면에 있는 실재에 이를 때까지 안으로 들어간다.

이제 빠딴잘리의 "한 대상에 대한 집중"의 네 단계들에 대해 생각해보자.

이 집중은 다음 수뜨라에서 설명되는 다른 더 고차원의 집중 즉 모든 대상들보다 더 깊이 들어가는 집중과는 대조된다. 더 깊이 들어가는 집중은 순수하고 분화되지 않은 의식과 결합하는 것이다.

한 대상에 대한 집중은 꼭 필요한 예비 단계이다. 아주 열심히 수행하면, 그것은 마음을 아주 멀리, 분화되지 않은 물질의 최후의 궁극의 경계선들까지 데려갈 수 있다.

그런 집중의 네 단계들을 설명하기 위해 사용되는 단어들은 번역하기에 쉽지 않다. 그에 해당하는 우리의 영어 표현은 거의 만족스럽지 못하기 때문이다.

"조사examination"의 단계는 마음이 거친 원소들 중 하나에 완벽하게 집중하게 될 때 이르게 된다고 말해진다.

이것 다음에는 "분별discrimination"의 단계가 온다. 이것은 마음이 물질의 바깥층을 꿰뚫어 안에 있는 미세한 본질인 딴마뜨라에 고정될 때 온다.

다음은 "즐거운 평화joyful peace"의 단계가 온다. 그때 우리는 안에 있는 지각의 능력이나 마음 그 자체에 집중할 때이다.

마지막으로, "개별성에 대한 단순한 자각simple awareness of individuality"의 단계이다. 그때 우리는 어떤 두려움이나 욕망에도 닿지 않고 있는 가장 소박하고도 기본적인 형태에 집중한다. 그때 "나"는 "이것" 또는 "저것"이 아니다.

그런 집중은 확실히 어렵다. 그것을 성취하는 데는 평생이 걸릴 수도 있다. 그것은 여전히 쁘라끄리띠 안에 있다. 그러므로 그것은 유혹과 위험들을 지니고 있다.

어떤 대상의 안의 내용을 아는 것은 그 대상에 대한 힘을 얻는 것이다.

수행자는 집중력이 커지면서, 갑자기 초감각적 지각들에 사로잡혀 있는 자신을 발견하게 될지도 모른다. 그는 아픈 사람들을 치유하고, 사람의 생각을 읽고, 미래를 예언하거나 어떤 자연적 힘을 통제할 수 있을 것이다.

그런 힘들의 보유는 개인적 욕심과 야망을 채우기 위하여 그것들을 잘못 사용할 수 있는 끔찍한 유혹을 한다. 그리고 불행히도 "초감각적 지각"에 관여하는 많은 사람들이 다른 어떤 것이 아니라 초감각적 지각의 힘을 찾고 있다는 것은 사실이다. 다행히도 인간의 경우, 그런 무책임한 실험자들은 꼭 필요한 투지가 결여되어 있다. 그래서 보통의 경우는 아주 많이 이루지는 못한다.

중요한 것은 동기의 순수함이다. 책임감 있는 의사가 사용하면 코카인은 유익한 진통제이다. 중독자의 손에서 그것은 정신과 육체적 건강의 치명적 파괴자이다.

초감각적 지각의 힘들은 분별력과 집착하지 않음을 가진 성자에 의해 사용된다. 그는 결코 그것들 자체를 목표로 여기거나, 자신의 개인적인 욕망들을 더 진전시키기 위해 그것들을 이용하지 않는다.

그의 적들 중의 한 명의 하인을 겟세마네 동산에서 치유했던 예수는, 동시에 신에게 "열둘 이상의 천사 군단"을 보내달라고 요청해서 자신의 생명을 보호해 달라하기를 거부했다.

그러나 이런 힘들을 획득한 불순하고 사악한 사람은 그것들을 올바로 사용할 수 없다. 그래서 언젠가 그 힘들은 그의 파멸을 초래할 것이다.

모든 나라의 동화들은 초자연적 현상을 가볍게 보는 것에 대한 상징적 경고로 가득하다. 몇 가지 소원이 허용된다. 그런 다음 악마, 정령 또는 마법사가 주인에게 덤벼들어 그의 재산, 몸, 영혼을 손에 넣는다.

마찬가지로, 진실한 영적 수행자는 그 힘들을 단지 그가 구하고 있는 깨달음의 부산물로 여기기 때문에, 그가 얻는 어떤 초감각적 지각의 힘들에 의해서도 해를 입을 수 없다.

빠딴잘리에 관해 말하자면, 그의 태도는 절대적으로 과학적이다. 그는 특정 명상 기법과 그것들로 인한 가능한 결과를 묘사한다.

따라서 의학 저술가는 그것이 비록 위험할지라도 모든 종류의 약물에 대한 정보를 주어야 하는 것처럼, 그는 적절한 때에 초감각적 지각의 힘들에 관해 이야기해야 한다.

그러나 동시에 만약 우리가 그런 초감각적 지각의 힘들에 끌린다면, 우리는 최고의 목적을 잃어버릴 것이라고 그는 경고한다. 그러므로 우리가 그의 경고에 귀를 기울이지 않는다면, 우리는 자신을 탓하면 된다.

18. 다른 종류의 집중(아삼쁘라갸따 사마디)⁹은 의식에 아무런 대상이 없는 것이

---

9   아삼쁘란야따 즉 무상 사마디

다. 타버린 씨앗들과 같은 오직 잠재적 인상들만이 있다. 이것은 무집착의 수행으로 생각의 물결들을 항상 점검함으로 얻어진다.

영적 수행자가 한 대상에 대한 최고의 집중을 성취했을 때, 그는 지고한 위업 즉 의식 그 자체에 대한 집중을 시도할 준비가 되어 있다.

이것은 쁘라끄리띠 너머로 갈 때, 모든 대상적 지식 너머로 가서 아뜨만 즉 분화되지 않은 우주적 의식과의 결합으로 가는 완벽한 요가의 상태이다.

생각의 물결들이 정지되고 마음이 악한 것과 선한 것이라는 모든 삼스까라들에서 벗어났을 때 즉 빠딴잘리가 자신이 빠딴잘리라고 믿기를 그만두고, 그가 다름 아닌 아뜨만임을 알 때에만 완벽한 요가의 상태에 들어갈 수 있다.

강하게 뿌리박힌 중독은, 자신이 의식적으로 마음 내키지 않아하고 또 자신의 도덕적 의지를 사용해서 노력하더라도 계속해서 약을 먹게 만들듯이, 삼스까라들은 우리를 탄생에서 탄생으로 가게 한다는 것을 요가 철학은 우리에게 가르쳐준다.

서로 관련이 있는 쾌락과 고통들 즉 "나무의 달고 쓴 열매들"이 있는 이 세상에 진절머리가 난다고 우리는 말한다. 우리는 진심으로 그것을 믿을 수도 있다. 그러나 이 잠재적 경향성들이 남아있는 한, 우리는 사실 그렇지 않다. 돌아가서 다시 한번 감각 경험에 빠지고 싶은 우리의 욕망은 우리가 알고 있는 것보다 훨씬 더 깊다.

게다가 우리의 육체적이고 영적인 과거의 유물들, 혐오와 후회의 일시적인 한탄은 조금도 중요하지 않다. 셰익스피어는 이 되풀이되는 끌림과 혐오의 과정을 그의 가장 영향력 있는 소네트 중의 하나에 묘사했다.

> 정욕을 탐하여 그 순간을 즐길 수는 있으나
>
> 즐기고 나면 곧바로 이를 경멸하고
>
> 그 순간을 미친 듯이 그리워하지만
>
> 원하는 바를 이루자마자
>
> 수치스러운 기억으로 남아 증오한다.
>
> 이 과정은 마치 미끼를 물어
>
> 괴로워하는 동물의 심정과 같다.

그러므로 완벽한 요가의 상태가 달성되기 전에 삼스까라들이 뿌리째 뽑혀 파괴되어야 한다. 그러면 더 이상 재탄생을 향한 아무런 충동이 없을 것이다.

요가를 달성한 사람은 "해방되었다"고 말해진다. 현재 삶이 끝날 때, 그는 영원히 아뜨만과 결합될 것이다. 그러나 완벽한 요가의 성취가 반드시 인간의 삶의 즉각적인 종말을 의미하는 것은 아니다.

성자들은 지고한 영적 경험에 이르고 난 뒤에도 여러 해 동안 계속해서 살았다. 그들은 외부 현상 수준에서 계속해서 생각하고, 말하고,

행동했지만 그러나 다르다.

해방된 사람의 생각, 말, 행위들은 "타 버린 씨앗"과 같다고 말해진다. 즉, 그것들은 더 이상 생식력이 없다. 즉 그것들은 더 이상의 삼스까라들을 생산할 수 없다. 또 어떤 새로운 중독이나 속박을 만들어낼 수도 없다.

산스끄리뜨로, 마음의 또는 몸의 행위는 까르마라 불린다. 까르마는 또한 이 행위의 결과들이라고도 한다. 그렇기 때문에 우리가 "운명"이라고 부르는 것을 설명하기 위해 사용되는 단어이다. 우리의 운명이란 그저 이번 삶과 이전 삶들에서의 우리의 과거 행위들에 대한 결과들의 총합이다.

사람이 요가에서 해방을 이룬 후에, 그의 행위들은 까르마를 만들어내는 것을 그만둘 것이다. 이 땅에서의 그의 삶의 잔여물은 그가 해방되기 전 이미 존재했던 까르마에 의해서만 지배될 것이다.

그는 마지막 연극의 밤의 배우와도 같다. 그는 자신이 아무리 그의 배역을 잘 연기하고, 관객들이 야유를 하든 환호를 하든, 그 연극이 다시는 공연되지 않을 것을 알고 있다. 그는 그의 공연으로 인해 아무 것도 얻거나 잃지 않는다. 그럼에도 불구하고, 그는 마지막 커튼이 내려질 때까지 그것을 끝까지 연기해야 한다. 그래야 집에 갈 수 있다.

해방을 이룬 사람의 행위들에 관해 말하자면, 위대한 철학자이자 성자인 샹까라가 우리에게 말한다. "그런 행위들은 꿈속의 행위들과 같다".

19. 그러한 집중이 무집착을 동반하지 않을 때, 무지(자아가 외부와의 동일시)가 있다. 그래서 (죽을 때) 그들은 신들의 상태[10]에 이르거나 자연(쁘라끄리띠)에 합쳐질 것이다.[11]

집착하지 않음이 없는 집중(사마디)은 해방을 가져올 수 없다. 아무리 열심히 노력하더라도, 우리는 오직 우리의 욕망들에 따른 보상을 받을 수 있을 뿐이다.

우리가 진정으로 해방을 원한다면, 그리고 그것을 위해 충분히 애쓴다면, 우리는 그것을 얻을 것이다. 하지만 우리가 힘과 즐거움을 정말로 원한다면, 우리는 대신 그것들을 얻을 수 있다. 이 세상에서, 그리고 인간의 형태뿐만 아니라, 이후의 다른 세상들에서와 다른 형태들에서 얻을 것이다.

거친 원소들이나 감각 기관들에 대한 집중은 몸이 없는 하위의 신들의 상태를 오게 한다고 말해진다.

마음 또는 자아에 대한 집중은 우리를 자연의 힘들을 가진 존재, 즉 우주의 일부를 지배하는 자들로 만든다고 말해진다.

힌두인들이 "천국"과 "지옥"에 대해 말한다면, 그는 기독교적 의미에서 받아들여지는 의미는 아니다.

왜냐하면 힌두인들에게 천국과 지옥은 모두 쁘라끄리띠 안에 있기

---

10 자연을 다스리는 사람의 몸을 가지지 않은 천사들 혹은 신들(마샬 고빈단).
11 해방으로 가는 길을 잃는다.

때문이다. 그는 이 지구상의 존재 외에 많은 수준들의 존재가 있다고 믿는다. 어떤 존재는 지옥과 같이 고통스럽고, 어떤 존재는 천국과 같이 즐겁다.

우리는 죽은 후에 여기 지구에서 축적한 까르마들에 따라 잠시 이런 수준들로 가야만 할 수도 있다. 그러나 우리는 그것들 중 어느 하나에 영원히 있지는 않을 것이다.

그것들에게 붙은 선하거나 악한 까르마가 소진되면, 우리는 인간의 삶으로 다시 태어날 것이다. 힌두인들은 우리가 요가의 행위를 할 수 있고 아뜨만과 결합할 수 있는 자유가 있는 곳은 여기라고 믿는다.

천국에 대한 욕망은 그러므로 해방에 대한 욕망보다는 엄청나게 낮은 야심이다. 힌두의 모든 영적인 서적은 둘 사이를 명확히 구분한다.

슈리 크리슈나가 현상 세계의 문제들에 사로잡혀 있는 것에 대해 아르주나를 꾸짖을 때, 그는 "단지 천국을 바라기만 하는" 사람에 대해 이야기한다. 에머슨의 시, "브람마"도 주목하라.

강한 신들도 나의 거처를 동경하고,
일곱 명의 신성한 분들도 헛되이 바란다.
하지만 그대, 선을 좋아하는 온화한 자여!
나를 찾고, 천국에 등을 돌려라!

"강한 하위의 신들"은 사실 전혀 강하지 않다. 그들은 쁘라끄리띠에 속박되어 있다. 힘에 대한 욕망 때문에 그들은 이 우주에 묶여 있다. 그들은 집착하지 않음을 가지고 집중하는 것에 실패한 자들이다.

까따 우빠니샤드에서, 죽음의 신 야마는 나찌께따에게 이것을 솔직히 인정한다. "이 땅의 보물은 내일까지만 지속된다는 것을 나는 안다. 나 스스로가 죽음의 왕이 되고자 하며 불로 희생의식을 치르지 않았던가? 그러나 희생의식은 덧없는 대상들로 행해져서 찰나적인 것이었고, 나의 통치는 잠시 동안만 지속되는 것을 보는 것이니 나의 보상은 아주 작다."

야마는 자신의 왕국을 언젠가 떠나 인간으로 다시 태어나야 할 것을 안다. 그때, 오직 그때만 그는 천국에 등을 돌리고, 유일한 참된 불멸인 아뜨만과의 합일을 구하는 또 다른 기회를 얻을 것이다.

20. 진정한 영적 구도자들의 집중(최고로 높은 상태)**은 믿음**(슈랏다)**, 에너지**(비르야)[12]**, 기억**(스므리띠)[13]**, 몰입absorption**(사마디)**과 아뜨만에 대한 지식**(쁘란야)[14]**으로 얻어진다**[15]**.**

"믿음"은 불가지론자들에 의해 남용의 의미로 종종 사용된다. 말하

---

12 사다나에 대한 열정(Dennis Hill).
13 진리를 기억 즉 편파적이지 않은 목격자를 기억하는 것(데니스 힐). 신의 현존에 대한 끊임없는 자각의 유지(Swami Kriyananda).
14 가장 순수한 정수의 자각의 빛(데니스 힐). 사물을 있는 그대로 보는 능력(Edwin F. Bryant).
15 쁘라끄리띠로 오지 않을 것이다(Edwin F. Bryant).

자면, 그것은 의문과 근거에 대해서는 귀를 닫고서 앵무새와 같이 배운 것만 반복한다. 모든 종류의 교리와 신조들을 의심 없이 받아들이는 맹신을 가리킨다.

그런 "믿음"은 확실히 비난받아야 한다. 그것은 게으름, 완고함, 무지, 두려움의 혼합물이다. 그것은 융통성 없고 단호하기 때문에 아주 쉽게 흔들리고 완전히 파괴될 수 있다.

이것은 진정한 믿음 즉 빠딴잘리가 추천하는 믿음이 아니다. 진정한 믿음은 잠정적이고, 유연하며, 교리적이지 않고, 의문과 근거에 대해 열려있다.

진정한 믿음은 영구히 수용 공간을 제한하고 있는 액자와는 다르다.

그것은 싹을 내면서 계속해서 자라나는 식물과도 같다. 처음에 우리에게 필요한 것은 씨앗이 전부이다. 그 씨앗은 영적 삶의 가능성들에 대한 흥미의 느낌 그 이상의 것은 아니다.

어쩌면 우리는 책에서 감동을 주는 한 구절을 읽을 수도 있다. 어쩌면 우리는 명상의 수행과 영적 수련을 통해 어느 정도의 지혜와 평온에 이른 것처럼 보이는 누군가를 만날 수도 있다.

우리는 관심과 흥미가 생기게 된다. 아마도 이것은 우리 자신의 문제들에 대한 해답일 수도 있고 아닐 수도 있다. 확신할 수는 없지만, 이 단계에서는 확신해서는 안 된다, 우리는 시도해보기로 한다.

당신이 소화불량에 걸리기 쉽다고 해 보자. 어느 날 당신은 식이요법에 대한 책을 읽거나 또는 자신의 지시를 따르기만 한다면 당신의 건강을 회복시켜 줄 수 있다고 말하는 의사를 만날 수도 있다.

맹목적인 믿음으로 그 책이나 그 의사를 받아들일 필요는 없다. 잠정적이고 가설적인 믿음을 가져야 한다. 당신은 그 식이요법이 당신의 질병을 도와줄 것이라고 가정해야 한다. 그것이 도움이 되는지 소용이 없는지 권위를 가지고 말할 수 있기 전에 그것을 시도해 보아야 한다.

위대한 스승들이 권했던 영적 식이요법에 대해서도 마찬가지이다. 당신은 경전의 진리와 스승의 말에 대해 잠정적 믿음을 가져야 한다.

또한, 에너지를 가져야 한다. 에너지가 없으면 매일 매일 어떤 가르침도 따를 수 없다. 실제로 그 가르침들의 가치를 시험할 수도 없다.

붓다는 만약 어떤 죄가 있다면 그것은 게으름이라고 언급했다. 구나들을 논의하면서 보았듯이, 따마스는 자연과 인간의 마음의 가장 낮은 상태이다.

그러나 다행인 것은, 에너지가 근육과도 같다는 것이다. 사용을 하면 더 강해진다는 것이다. 이것은 아주 단순하고 분명하고 명확하지만, 언제나 놀라운 사실이다.

창의적인 모든 예술가는 스스로 일을 하도록 강요해야만 했던, 겉으로 보기에 멍한 어리석음과 영감이 부족했던 시절을 알고 있다.

그러고 나서, 갑자기 고역의 시간들이 지나면 노력이 보상 받는다. 아이디어와 열정이 그에게로 흘러들어오기 시작한다. 우리의 모든 일에서, 작은 일상의 노력은 매우 중요하다. 우리 에너지의 근육들은 계속해서 운동되어야 한다. 그 결과, 우리는 점차 가속도와 목적을 갖게 된다.

개인의 경험을 통해 믿음이 커지고 수행을 통해 에너지가 증가함에 따라, 마음은 방향성을 얻는다.

그것은 말 그대로 다시 모아진다. 우리의 생각은 마음의 장 전체에 흩뿌려져 있다. 이제 우리는 그것들을 다시 모아서 하나의 목표 즉 아뜨만의 지식을 향하기 시작한다.

이렇게 할 때, 우리는 구하고 있는 것에 대한 생각에 점점 더 흡수되고 있는 자신을 발견하게 된다. 그래서 마침내 흡수는 깨달음으로 합쳐진다. 지식은 우리의 것이다.

21. 요가(최고, 무상 사마디)의 성공은 예리한 그리고 일점 지향의 수행으로 빨리 (쉽게) 온다.

22. 성공에 드는 시간은 자신의 수행이 약한가, 중간 정도인가, 강한가에 달려 있다.

이론적으로, 우리가 1초라는 시간 안에 완벽한 요가의 상태를 이루어서는 안 될 이유는 없다. 아뜨만은 영원히 우리의 안에 있다. 이 사실에 대한 우리의 무지는 순간적으로 없어질 수 있기 때문이다.

그러나 실제적으로 우리의 진보는 과거의 까르마들, 현재의 두려움과 욕망들, 그리고 우리 에너지의 상대적인 힘으로 인해 지연된다. 필요한 기간에 대해서는 누구도 일반화할 수 없다.

어떤 사람의 경우에는 그것은 몇 달, 몇 년, 또는 평생이 걸릴 수도 있다. 우리가 말할 수 있는 것은 이것뿐이다. 아무리 작은 노력이라도 허비되지 않는다. 더 열심히 노력할수록 더 빨리 성공할 것이다.

23. 집중(가장 높은 상태)은 이슈와라(신)에 대한 헌신으로도 얻어질 수 있다.

24. 이슈와라는 무지(끌레샤)와 무지의 산물, 행위(까르마)와 행위의 결과 및 삼스까라들에 닿지 않고 있는 특별한 존재(지고의 참나)이다.

여기에서, 빠딴잘리는 처음으로 신에 대한 개념을 가져온다. 베단따 철학에 따르면, 이슈와라는 우주의 지고한 지배자이다. 우주를 창조한 자, 유지하는 자, 없애는 자이다.

궁극의 실재인 브람만은 실은 창조하고 유지하고 없앤다고 말해질 수가 없다. 정의상으로 브람만은 속성들이 없기 때문이다.

이슈와라는 쁘라끄리띠 안에서 보이는 브람만이다. 그는 기독교 전통에서의 하나님 아버지에 다소 해당된다.

중요한 것은 헌신의 개념이다. 이미 보았듯이 신에 대한 헌신 없이도 해방에 이를 수 있다. 그러나 이것은 야망과 자부심이라는 위험의 함정을 헤치고 가야 하는 미묘하고 위험한 길이다.

신의 개인적 이상에 대한 헌신은 겸손과 봉사에 대한 자연스러운 성향을 가져다준다. 그것은 지적인 분별력의 무미건조함을 달콤하게 하고 그리고 인간이 할 수 있는 최고의 사랑을 불러일으킨다.

우리는 우리의 해방의 순간까지 브람만을 상상조차 할 수 없다. 그러나 우리 모두는 다양한 성품들에 따라 이슈와라는 상상할 수 있다. 왜냐하면 이슈와라는 우리의 마음이 인식할 수 있는 속성들을 가지고 있기 때문이다. 이슈와라는 우리가 쁘라끄리띠를 넘어설 때까지 실재에 대해 알 수 있는 모든 것이다.

만약 우리가 이슈와라를 섬기기 시작한다면, 만약 우리의 행위를 헌신하고, 의지를 그에게 맡긴다면, 그가 우리를 그에게로 끌어당기고 있다는 것을 우리는 알게 될 것이다.

이것은 슈리 라마크리슈나가 계속해서 부는 바람에 비유했던 신의 은총이다. 그것을 붙잡기 위해서는 돛을 올리기만 하면 된다. 그리고 바가바드 기따(9장 27)에는 이렇게 적혀있다.

그대가 무엇을 행하든, 무엇을 먹든,
무엇을 숭배로 바치든, 무엇을 주든,
무엇을 고행으로 하든, 오, 아르주나여,
그것을 나에게 바치는 것으로 하라.

이런 유형의 헌신은 어쩌면 특별한 기질을 필요로 할 수도 있다. 그것은 모든 사람을 위한 것은 아니다. 하지만 그것은 해방에 대한 가장 안전하고도 행복한 방법이기 때문에 그것을 느끼는 것은 아주 큰 축복이다.

말했듯이 이슈와라는 쁘라끄리띠 안에서 보이기 때문에 신이다. 그러나 이슈와라가 쁘라끄리띠의 하인이 아니라 지배자임을 기억해야 한다. 그것이 바로 빠딴잘리가 그를 "특별한 존재"라고 묘사하는 이유이다. 사람은 쁘라끄리띠의 하인이다.

사람은 자신의 진정한 참나 즉 아뜨만에 무지와 이 무지의 산물에 지배를 받는다. 이 무지의 산물은 이기심, 감각 대상들에 대한 집착, 그것들에 대한 혐오(집착의 거꾸로), 현재의 삶에 대한 맹목적 애착 그리고 불행을 구성하는 여러 형태의 굴레이다.

빠딴잘리는 이 책의 두 번째 장에서 그것을 더 충분히 논의할 것이다. 이슈와라는 이 무지, 또는 그것의 산물들에 영향을 받지 않는다.

사람은 탄생과 죽음의 법칙, 즉 까르마의 법칙에 영향을 받는다. 이슈와라는 태어나지 않고, 죽지 않는다. 사람은 자신의 삼스까라들 즉 그를 더 이상의 행위와 욕망들로 이끄는 깊이 뿌리박힌 경향성들에 종속된다.

이슈와라는 삼스까라와 욕망들로부터 자유롭다. 그는 행위의 결과들에 연루되지 않는다.

사람이 해방될 수 있다는 것은 사실이다. 그러나 이 경우에도, 그는 이슈와라와는 다르다. 왜냐하면 이슈와라는 결코 속박된 적이 없었기 때문이다.

해방된 후에는, 사람은 브람만과 하나가 된다. 하지만 그는 절대 이슈와라와는 하나가 될 수 없다. 실제, 우주의 지배자인 이슈와라가 되고자 하는 욕망은 모든 이기적 욕망들 중에서 가장 비정상적인 것이다. 그것은 기독교 문학에서 루시퍼의 타락에 대한 이야기로 특징지어지는 것처럼 보인다.

브람만과의 합일의 상태에서, 이슈와라와 그의 우주는 모두 단지 브람만의 투사이기 때문에 둘 다 초월된다.

25. 그에게 지식은 무한하다. 다른 이들에게 지식은 오직 싹으로 있다.

26. 그는 시간에 의해 제한을 받지 않기에, 최초(고대)의 스승들의 스승이다.

이 두 수뜨라는 이슈와라의 전지한 속성을 다루고 있다. 만약 사람에게서 지식의 존재를 인정한다면, 아무리 한계가 있는 지식이라 해도, 우리는 신의 무한한 지식의 존재로부터 그것을 가져왔다고 추론해야 한다.

더 나아가, 모든 사람들은 스승이 있어야 한다. 빠딴잘리는 최초의 스승의 스승이 신이었을 수밖에 없다고 생각한다. 왜냐하면 시대를 초월한 그만이 스승들이 시작되기 이전에 존재했었기 때문이다.

27. 그의 이름은 (신비스러운 소리) 옴[16]이다.

28. 깊은 명상 중에 반복하면, 그것의 진정한 의미가 드러난다[17].

29. 이것으로 모든 장애물들을 벗어나게 되며 그리고 아뜨만의 지식(깨달음)이 온다.

"태초에 말씀이 있었다. 그 말씀은 신과 함께 있었고, 그 말씀이 곧 신이었다."라고 요한복음은 말한다. 이 말은 리끄 베다의 시구에서도 거의 똑같이 반복된다. "태초에 브람만이 있었고, 그와 함께 말씀이 있었다. 그리고 그 말씀이 바로 지고한 브람만이었다."

말Word의 철학은 다양한 형태와 변화를 거쳐 왔다. 플라톤과 스토아 학파의 가르침을 통해, 고대 힌두 경전에서부터 알렉산드리아의 필로 와 제4복음서의 저자에게서까지 그 유래를 추적할 수 있다.

어쩌면 계속해서 이어지는 이 모든 학파들 사이에 실제적인 역사적 연결고리가 존재한다는 것이 증명될 수 있을 것이다. 어쩌면 아닐 수 도 있다. 질문은 별로 중요하지 않다.

진리는 많은 다양한 시대와 장소들에서 독립적으로 재발견될 수도

---

16 옴은 쁘라나바라 부른다. 쁘라나는 몸을 살아있게 하는 의식의 에너지의 흐름(Dennis Hill).
17 수행의 다른 관점을 제시하고 있다. 수뜨라 2는 마음의 물결들의 중지, 두 번째인 수뜨라 12에서는 바이라기야 즉 무집착, 세 번째인 여기에서는 아뜨만에 우리의 초점을 유지하는 것(Dennis Hill).

있다. 말의 힘은 역사의 시작 이래로, 좋든 나쁘든 인류에 의해 인식되어왔다.

원시 종족들은 그것을 그들의 금기와 비밀 컬트로 소중히 간직했다. 20세기 문화들은 그것을 정치와 상업 광고의 용도로 이용했다.

말과 생각은 떼어놓을 수가 없다. 당신은 신을 표현하는 말 없이 신에 대한 생각을 할 수 없다.

하지만 우리는 왜 꼭 옴이라는 말을 사용해야 하는가? 신은 우주의 기본적 사실^{fact}이기 때문에 그는 모든 소리들 중에서 가장 기본적이고, 가장 자연스러우며, 가장 포괄적인 소리에 의해 나타내져야 한다고 힌두교도들은 대답한다. 그들은 이 소리가 옴^{OM} 또는 AUM이라고 주장한다. 제대로 발음하면 AUM일 것이다.

스와미 비베까난다의 말을 인용해보자. "첫 번째 글자, A는 혀나 입천장의 어느 부분도 건드리지 않고 발음되는 뿌리^{root} 소리, 핵심^{key} 소리이다. M은 입술을 다문 채로 발음되는 맨 끝소리를 나타낸다. U는 뿌리에서 입의 소리판의 끝 쪽으로 굴린다. 이렇게 옴은 소리 생성의 모든 현상을 나타낸다."

만약 우리 중 누구라도 음성학에서 나온 단순한 주장이 이 단언을 입증하기에 부족하다고 느낀다면, 우리는 또한 옴이 몇 대에 걸쳐 우리에게 내려온 신에 대한 거의 확실히 가장 오래된 말임을 기억해야 한다. 그것은 수많은 숭배자들에 의해 사용되어왔다.

아무런 특별한 속성을 함축하지 않고, 누구도 특별한 신^{deity}으로 언급하지 않는, 언제나 가장 우주적 의미에서 사용되어왔다. 만약 그런 사용이 신성함을 부여할 수 있다면, 그때 옴은 모든 것들 중에서 가장 신성한 단어이다.

그러나 정말 중요한 것은 우리가 영적 삶에서 그 말의 힘이 인정되어야 한다는 것이다. 이 인정은 실제적 경험을 통해서만 생길 수 있다.

신의 이름을 반복하는 수행을 시도해보지 않은 사람들은 그것을 비웃는 경향이 있다. 그들에게는 그것이 아주 무의미하고, 매우 기계적인 것처럼 보인다. "단지 같은 단어를 계속해서 되풀이하는 것!"이라고 그들은 경멸하며 소리친다. "그것이 무슨 소용이 있겠는가?"

우리가 논리적이고 연속적인 생각을 하는 데 시간을 쓴다고 우리 모두가 자만하는 경향이 있다는 것이다. 우리의 매일의 경험은 그 반대이다. 사실, 우리 대부분은 그렇게 하지 않는다. 어느 한 가지 문제에 대한 연속적인 생각은 깨어있는 시간의 아주 작은 부분을 차지한다.

우리는 자주 몽상의 상태 즉 연결되지 않은 감각의 인상, 관계가 없는 기억, 책과 신문으로부터의 무의미한 문장의 스크랩, 몰려드는 작은 두려움과 원망, 불편함과 흥분 또는 편함이라는 몸의 감각들에 있다. 아무 때라도 만약 우리가 스무 명의 마음을 택해서 그들의 작용을 살펴볼 수 있다면 위와 같을 것이다.

아마 하나 또는 가껏해야 두 사람만이 이성적으로 작동하고 있는 것을 발견할 것이다. 남은 열여덟 또는 열아홉의 마음은 아마도 이렇게 보일 것이다. "잉크병. 그때 나는 루즈벨트를 봤다. 밤의 신비스런 존재와 사랑에 빠져. 좌파는 협정을 거부한다. 나의 일을 뺏으려는 지미의 시도. 매리는 내가 뚱뚱하다고 말한다. 엄지발가락이 아프다. 수프가 맛있다... " 등등.

우리는 이 몽상을 통제하기 위해 아무것도 하지 않기 때문에, 그것은 주로 외부 환경들에 의해 조절된다. 날씨가 흐리면, 우리의 기분은 슬프다. 해가 나오면 우리의 기분도 밝아진다. 벌레들이 주변에서 윙윙거리면 우리는 짜증이 나고 예민해진다. 종종 이것은 그와 같이 너무나 단순하다.

그러나 지금 이 몽상에 신의 이름의 반복을 도입한다면, 외부 세계의 개입에도 불구하고 우리는 우리 기분들을 통제할 수 있다는 것을 알게 될 것이다.

어쨌든 우리는 언제나 마음속으로 어떤 말 즉 친구나 적의 이름, 불안의 이름, 바라는 대상의 이름들을 되풀이하고 있다. 이런 말들 각각은 그 자신의 마음의 분위기에 둘러싸여 있다. "전쟁"이나 "암" 또는 "돈"이라고 만 번 말해 보라. 그러면 전체적인 기분이 바뀌어 그 말과 관련된 연상들로 물 들었다는 것을 알게 될 것이다.

마찬가지로 신의 이름은 당신 마음의 분위기를 바꿀 것이다. 그것은 달리 될 수가 없다.

힌두 경전들에서 우리는 종종 이런 구절을 발견한다. "그의 이름 안에 피난처를 구하라."잠언 xviii, 10을 보라. "신의 이름은 강한 탑이다.

의로운 자들은 그곳으로 달려가며 그들은 안전하리라." 이 구절은 우리의 영적 삶에서 아주 실제적이고 문자 그대로 중요함을 가지고 있다. 처음에는 너무 시적으로 들릴 수 있다.

마음이 고통이나 두려움, 또는 어떤 몸의 위급상황에 의해 너무나 극심하게 방해받아 명상이나 심지어 이성적 생각을 할 수 없을 때 당신이 항상 할 수 있는 한 가지가 여전히 있다. 당신은 그의 이름을 계속해서 되풀이할 수 있다.

그 모든 소란 속에서도 당신은 그것을 고수할 수 있다. 일단 신성한 말의 힘을 실제로 시험하고 증명했다면, 당신은 그것에 점점 의존할 것이다.

계속된 수행을 통해, 그 반복은 자동적이 된다. 그것은 더 이상 의식적으로 의도될 필요가 없다. 그것은 오히려 온수기나 냉장고의 온도 조절기와 같다. 마음이 원하지 않는 "온도"에 이를 때마다, 당신은 그 반복이 저절로 시작되며, 필요한 한은 계속된다는 것을 알게 될 것이다.

물론 신의 이름의 단순한 반복으로는 불충분하다. 빠딴잘리가 지적하듯이. 우리는 또한 그것의 의미에 대해서도 명상해야 한다.

그러나 하나의 과정은 자연스럽게 다른 과정으로 이어진다. 만약 인내심을 갖고 반복을 계속한다면, 그것은 우리를 필연적으로 명상으로 이끌 것이다. 우리의 혼란스러운 몽상은 차츰 집중된 생각으로 바뀔 것이다. 우리는 그것이 나타내는 실제에 대해 생각하지 않고서는 어떤 단어를 오래 계속해서 되풀이할 수 없다.

만약 우리가 영적 수행에서 많이 진전되지 않는다면, 이 집중은 잠깐 이상은 유지되지 않을 것이다. 마음은 다시 몽상으로 돌아갈 것이다.

하지만 그것은 더 상급의 몽상이다. 라자스나 따마스보다는 오히려 삿뜨와에 의해 지배되는 몽상이다.

그리고 이름 안에서 영구적으로 내뱉어지는 그것은 마치 우리의 소매를 부드럽게 잡아당겨 관심을 요구하고는 마침내 우리의 관심을 탈환할 것이다.

인도에서, 제자가 입문을 위해 스승에게 갈 때, 그는 만뜨람이라는 것을 받는다. 만뜨람은 자신의 남은 생을 통해 되풀이하고 명상해야 하는 하나 또는 그 이상의 신성한 이름으로 이루어진다. 그것은 아주 사적이고 신성하다. 말하자면, 특정 제자에 대한 스승의 가르침들의 본질이라고 여겨진다.

한 세대에서 다른 세대로 전해지는 지혜가 그 안에 담겨 있는 씨앗이다. 다른 어느 누구에게도 절대 자신의 만뜨람을 이야기해서는 안 된다.

그것을 반복하는 행위는 자빰이라 불린다. 혼자 있다면 크게 자빰을 해도 되고 다른 사람들 가운데 있다면 조용하게 해도 된다. 묵주를 사용하여 이것을 하는 것이 편리하다.

그래서 생각이 몸의 행위와 연결된다. 이 연결은 모든 의식^{ritual}의 가장 큰 장점들 중 하나이다. 그렇게 하면 몸의 신경 에너지의 작지만 충분한 배출구를 제공하게 된다. 배출을 해주지 않으면 몸에 저장되어 마음을 교란시킨다.

대부분의 영적 수행자들은 매일 일정한 양의 자빱을 하기로 결심한다. 묵주는 이것 즉 한 알에 만뜨람의 하나씩의 반복을 세는 것을 측정하도록 도와준다. 세는 것으로 당신은 마음이 산만해지지 않도록 해준다.

추가하여 말할 필요도 없이, 자빱의 수행은 힌두에서만 하는 것이 아니다. 가톨릭에서도 이것을 가르친다. "성모송"은 만뜨람이다. 만뜨람의 형태는 또한 그리스 정교회에서도 인정된다. 우리는 여기에서, 19세기 중반 동안 러시아 수도승의 영적 순례를 기록한 주목할 만한 두 권의 책, 순례자의 길과 순례자의 길이 계속되다에서 내용을 인용한다.

"마음속으로 계속하는 예수의 기도는 입술로, 마음^{spirit}으로, 가슴으로 예수의 신성한 이름을 끊임없이 중단하지 않고 부르는 것이다.

모든 활동들 중에, 어떤 시간들에나, 모든 장소들에서, 심지어 자는 중에도, 그의 계속적인 존재에 대한 마음의 그림을 그리고, 그의 은총을 간청한다."

그 간청은 이런 용어로 말해진다. "주 예수 그리스도여, 저에게 자비를 베풀어주소서." 이 간청에 익숙한 사람은 그 결과로 너무나 깊은 위로와 항상 기도를 할 아주 큰 필요성을 경험해서, 더 이상 기도 없이 살 수 없게 된다. 그것은 자신 안에서 계속해서 저절로 목소리를 낼 것이다.

"이른바 깨달음을 얻은 많은 사람은 이 동일한 하나의 기도를 자주 드리는 것을 단순한 사람의 기계적이고 생각 없는 활동이라고 부르며, 심지어 쓸모없고 하찮은 것으로 간주한다.

"그러나 불행히도 그들은 이 기계적 수행의 결과로 드러난 그 비밀을 알지 못하고, 입술로 하는 이 빈번한 봉사가 영혼에 빛과 영양을 가져다주고, 그것을 신과의 결합으로 인도하면서, 어떻게 진짜 가슴의 호소가 되고, 내적인 삶으로 가라앉으며, 기쁨이 되고, 말하자면 영혼에게 자연스러워지는지 알지 못한다.

"성 요한 크리소스톰은 기도에 관한 가르침에서 다음과 같이 말한다.

'누구도 세상의 관심사에 사로잡힌 사람, 그리고 교회에 갈 수 없는 사람이 항상 기도하는 것은 불가능하다는 답을 주어서는 안 된다. 당신이 당신 자신을 찾을 수 있는 그 어디에서나, 당신은 기도를 통해 마음속에 신을 향한 제단을 세울 수 있다. 그래서 장사를 하며, 여행에서, 카운터에 서 있거나 수공예를 한다고 앉아 있을 때도 기도하는 것은 가능하다…그런 삶의 체계에서, 그의 모든 행위들은 신의 이름을 부르는 것에 성공할 수 있을 것이다. 마침내 그는 예수 그리스도의 이름에 대한 중단 되지 않는 믿음이 깊은 기도할 수 있도록 스스로를 훈련할 것이다.

"그는 이 유일한 구원의 수단인 자주하는 기도가 사람의 의지를 위한 가능성과, 언제나 어떤 상황들에서든 기도하는 것이 가능하고, 자주 하는 목소리의 기도에서 마음의 기도로, 그리고 마침내 가슴의 기도로 쉽게 올라가서 우리 안에 있는 신의 왕국을 여는 것이 가능하다는 것을 경험으로부터 알게 될 것이다.'"

30. 질병, 마음의 게으름, 의심, 열정의 부족, 나태, 감각 쾌락에 대한 갈망, 착각, 집중의 실패로 오는 낙담 및 집중의 불안정. 이것들이 지식(깨달음)을 얻는데 장애물들이다.

31. 이것들로 슬픔, 낙담, 몸의 떨림과 고르지 못한 호흡이 온다.

빠딴잘리가 열거한 거의 모든 집중의 방해요인들은 따마스라는 일반적 주제 아래에 있다. 나태는 제일 큰 적이다. 비겁함, 우유부단, 자기 연민의 슬픔, 그리고 하찮고 사소한 것을 따지는 의심을 자극하는 자가 나태이다.

나태는 또한 질병의 심리적 원인일 수 있다. 그것은 의무로부터 벗어나고, 나쁜 건강으로 위안을 구하고, 좋고 따뜻한 담요 밑에 숨도록 유혹한다. 몸은 익숙하지 않은 모든 수련들에 저항하고, 그리고 놀람, 약함의 히스테리적 표현, 실신, 극심한 두통, 가슴 두근거림 등의 표현으로 수련들을 방해하려 할 것이다.

이 저항은 잠재의식이다. 그것이 만들어내는 증상들은 충분히 진짜이다. 순전히 힘으로 그것들과 싸우려 하는 것은 좋지 않다. 간신히 침대에서 기어 나와 열이 나서 주위를 비틀거리는 것은 좋지 않다.

하지만 당신은 자뺨을 하는 조용한 저항으로 잠재의식의 수준에서 자신의 나태함을 공격할 수 있다. 당신을 자뺨을 할 수 없을 정도로 약하거나 아프지 않다. 당신이 정말로 진지하다는 것을 나태가 이해할 때, 나태는 당신을 잡고 있는 것을 조금씩 느슨하게 할 것이다.

수행자가 영적 삶을 시작할 때, 그는 큰 열정을 가지고 자연스럽게 그렇게 한다. 그가 취하는 첫 단계는 거의 항상 평화와 즐거움의 감정을 수반한다. 모든 것은 너무 쉽고 너무나도 고무적인 것처럼 보인다.

그러므로 이 기분이 그의 인생의 마지막까지 중단되지 않고 계속되지 않을 것임을 그가 처음부터 깨달아야 한다는 것이 아주 중요하다.

종교는 단순히 도취 상태가 아니다. 거기에는 과거로 다시 돌아가는 때가 올 것이다. 분투, 무미건조함, 의심의 양상이 있을 것이다.

그러나 이것들이 자신에게 지나치게 고통을 주어서는 안 된다. 의식적인 느낌들이 아무리 고조된다 해도 그것이 영적 진보를 나타내는 유일한 징후는 아니다. 우리의 마음이 어둡고 따분할 때, 우리는 한 번에 아주 강하게 자랄 것이다. 그러므로 이 따분함이 실패의 조짐이라고 우리를 설득하려고 애쓸 때, 나태함의 유도에 귀를 기울여서는 안 된다.

계속해서 노력하는 한 실패는 없다.

32. 그것들은 진리에 대한 집중[18](일점 지향)의 수행으로 제거되어질 수 있다.

다시 말해서, 신의 존재에 대한 진리이다. 신은 많은 측면들을 가지고 있다. 그에 대한 셀 수 없이 많은 접근들이 있다. 빠딴잘리는 후에 그것들 중의 일부를 상세히 다룰 것이다.

이 수뜨라는 단순히 한 목표로 매진함의 중요성을 강조한다. 수행자가 신에 대한 그의 이상적 형태와 그것에 대한 자신의 접근 방식을 택했을 때, 그는 그것을 고수해야만 한다.

어떤 사람들은 종교에 대한 태도에서 너무 폭이 넓은 경향이 있다. 그들은 이 의식cult을 조금 시도하고, 저것도 조금 시도한다. 그래서 모든 것이 통합되는 목표에 이르는 어느 하나의 길도 따라가지 못한다.

슈리 라마크리슈나는 그들을 여러 개의 얕은 우물들을 파지만, 어디에서도 물을 찾을 만큼은 깊이 파지는 못하는 사람에 비유했다.

이 집중을 이루기 위해서는, 우리는 마음을 고요하게 하고 그리고 정화시켜야 한다. 빠딴잘리는 이제 어떻게 이것을 해야 하는지 우리에게 말한다. 그는 우리가 이 세상에서 이웃에 대해 취해야 할 정신적 태도를 규정한다.

---

18 진정한 본성인 치우치지 않는 목격자인 아뜨만에 집중한다면(Dennis Hill).

33. 행복한 사람들을 향해서는 우정을, 불행한 사람들을 향해서는 자비를, 덕이 있는 사람들을 향해서는 기쁨을, 악한 사람들을 향해서는 무관심의 태도를 배양함으로써 혼란되지 않는 마음의 고요가 얻어진다.

자신의 삶의 방식을 즐거워하는 누군가를 만나면, 우리는 그를 부러워하고, 그의 성공을 시기하는 경향이 있다. 우리는 친구의 행복에 즐거움을 느끼는 것처럼, 그것을 기뻐하는 법을 배워야 한다.

만약 누군가 불행하다면, 우리는 그가 스스로에게 불행을 가져온 것에 대해 그를 경멸하거나 비난하는 대신, 그를 가엾게 느껴야 한다.

다른 이들의 미덕은 우리를 짜증나게 하기 쉬운데, 우리는 그것을 자신의 단점을 비추어주는 것으로 생각하기 때문이다. 우리는 그것을 비웃고 그것이 단지 위선일 뿐이라고 말한다. 그와 반대로, 우리는 그것을 즐거워하고, 그것을 우리가 더 잘하도록 자극을 주는 것으로 보아야 한다.

사악한 이들에 관해서는 기독교의 가르침을 기억해야 한다. "악에게 압도당하지 말라."

만약 누군가가 우리에게 해를 끼치거나 우리를 미워한다면, 우리의 첫 본능은 증오와 상처로 그에게 대응하는 것이다. 우리는 그에게 상처를 주는 것에 성공할 수도 있지만, 자신에게 훨씬 더 많은 상처를 주게 될 것이다. 증오는 우리 마음을 혼란으로 밀어 넣을 것이다. 그래서 우리는 다른 사람들로부터 받는 상처에 대해 무관심을 수행해야 한다.

우리는 사악한 사람들의 악함 뒤로 가서 그들이 우리를 그런 방식으로 대하도록 만드는 것이 무엇인지 이해하려고 노력해야 한다. 우리는 종종 우리 자신이 그들의 태도에 대해 일부 책임이 있다는 것을 발견할 것이다.

공격자와 그것의 희생양, 살인자와 살해당하는 자 사이의 관계는 항상 단순한 죄와 무죄 중의 하나가 아니다. 그것은 아주 복잡할 것이다. 거기에는 양측에 이유가 있을 것이다.

우리의 동료 인간들에 대한 적절한 접근법은 최초의 힌두 수도원 맹세 중의 하나로 요약된다. "파리는 쓰레기를 찾고, 벌은 꿀을 찾는다. 나는 파리의 습성을 피하고 벌의 습성을 따를 것이다. 나는 다른 사람들의 결점을 찾는 것을 삼가고 그들 안에 있는 선만을 찾을 것이다." 그것은 우리 모두가 받아들여 그에 따라 살려고 애써야 할 맹세이다.

34. 숨을 내쉼expulsion과 보유retention로도 마음이 고요해질 수 있다.

여기에서 빠딴잘리가 사용하는 단어는 쁘라나이다. 쁘라나는 실제로 에너지를 의미한다. 둘러싸고 있는 우주로부터 우리 자신에게로 끌어들이는 필수 에너지를 의미한다.

이 에너지는 주로 호흡에 의해 얻어진다. 그러므로 우리는 쁘라나를 이 특정 맥락에서 "호흡"이라고 번역할 수 있다.

나중에, 우리는 빠딴잘리가 언급하는 호흡 연습들의 체계에 대해 더 많이 배울 것이다. 그것은 쁘라나야마라고 알려져 있다. 그러나 세부사항에 대해서는 언급하지 않고, 여기에서는 두 가지 일반적인 관찰을 할 필요가 있다.

첫째, 우리는 빠딴잘리가 마음의 통제를 정신물리적인 문제로 본다는 것에 주목해야 한다. 이것에 대해 그는 현대의 과학적 사고에 동의한다. 숨 쉬는 것에 관한 연구는 호흡 방식이 전체 유기체에 영향을 미친다는 것을 보여주었다. 평온함은 실제로 깊고 한결같은 들숨과 날숨에 의해 유도될 수 있다. 정신적 장애와 낙담에는 불규칙한 호흡 즉 빠르고, 얕고, 통제되지 않은 호흡이 동반된다. 빠딴잘리는 이 장의 수뜨라 31에서 이것을 언급하고 있다.

둘째, 쁘라나야마는 단지 영적 목적을 위한 육체적 수단이라는 것을 잊어서는 안 된다. 지식이 없는 많은 사람들은 요가를 단지 호흡 연습과 복잡한 자세들 즉 "숨을 참고 물구나무 서기"의 체계라고 생각한다.

"요가"에 대해 말할 때, 그들은 실제로 단지 고대 인도에서 원래 수행된 이 수행들의 체계에 대한 정확한 이름인 하따 요가를 의미한다. 하따 요가는 수행자의 몸을 완벽하게 함으로써 영적 경험을 대비하기 위해 고안되었다.

그러나 수행을 할 때 그것은 마음을 몸에 집중시키는 경향이 있기 때문에 영적 스승들에 의해 비난 받아왔다. 서양에서 그것은 몸의 아름다움과 젊음을 지속시키려는 완전히 퇴화된 형태로 발견될 수 있다.

그처럼, 그것은 분명 효과적일 수도 있지만 또한 위험할 수도 있다. 단지 그 수행이 만들어내는 기분 좋은 "산소 탐닉하기^{oxygen jag}"만을 위한 호흡 수행들에서의 과욕은 환각과, 어쩌면 광기로 이어질 수도 있다. 그리고 아주 좋다 하더라도, 우리의 몸의 겉모습과 행복에 지나치게 집착하는 것은 어리석은 허영심이다. 그것은 우리로 하여금 참된 목적을 잊게 만들어 분명히 주의를 산만하게 한다.

35. 또는 특별한(미세한) 감각 지각들이 오는 형(대)상들에 집중해도 마음이 고요해질 수 있다.

우리 대부분은 확고한 "믿음"에도 불구하고 자연적으로 회의적이기 때문에, 물질에 대한 마음의 힘이 실제 존재한다는 것을 재확인할 필요가 있다. 문서로 충분히 입증된 수많은 실험들이 아주 엄격한 실험실 조건 아래에서 수행되었음에도 불구하고, 우리는 텔레파시, 예지, 영매능력의 현상에 대해 이야기할 때, 여전히 변명하듯 웃는다.

만약 그 주제 모두를 연구했다면, 우리는 그러한 것들이 가능하지만 그래도 우리는 정확히 믿지는 않을 것이다. 그것은 아직 우리에게 일어나지 않았다. 마음은 의심을 싹을 가지고 있다.

그래서 빠딴잘리는 우리가 스스로 어떤 "특별한 지각들"을 발전시키도록 노력해야 한다고 권한다. 만약 어떤 사람이 코끝에 집중한다면 그는 놀라운 냄새를 맡게 될 것이라고 한다. 혀끝에 집중한다면 비범한 미각의 결과가 나타날 것이다. 입천장에 집중하면 비범한 색감을, 혀 중간 쪽에 집중하면 비범한 촉감을, 혀의 뿌리에 집중하면 비범한 청각이 나타날 것이다.

그런 힘들은 그 자체로는 아무 가치가 없다. 그러나 그것들이 적어도 마음으로 무엇을 할 수 있는지를 증명할 수 있게 하는 데 도움이 된다. 마치 훈련된 인간의 몸이 얼마나 강력하고 유연해질 수 있는지를 체육관에서의 곡예의 기술이 증명한다.

우리는 집중할 수 있는 사람들에게는 모든 것이 가능하다는 것을 이해하기 시작한다. 그래서 인내심을 가지고 평범한 감각 지각의 장벽들을 뚫고 나아가고, 내적 지식을 찾는 과정에서 두려움 없이 앞으로 나아갈 것을 권장 받는다. 체육관에서 얻은 몸의 힘은 나중에 실용적 목적을 위해 사용될 수 있다.

집중의 수행들로 얻어진 정신적 힘은 모든 것들 중에서 가장 실제적인 목적 즉 우리 자신을 아뜨만과 결합하는 것을 위해 사용될 수 있다.

36. 또는 슬픔 너머에 있는 내면의 빛에 집중해도 마음이 고요해질 수 있다.

고대 요기들은 복부와 흉곽^{thorax} 사이에 위치해 있으며, 깊은 명상에서 드러날 수 있는, "가슴의 연꽃"이라 불리는, 영적 의식의 중심이 실제로 있다고 믿었다. 그들은 그것이 연꽃의 형태를 가지고 있으며, 내적 빛으로 빛난다고 주장했다.

그것은 "슬픔을 초월하는" 것이라 말해지는데, 이는 그것을 본 사람들은 놀라운 평화와 기쁨의 느낌으로 가득 채워지기 때문이다.

아주 초기부터 요가의 마스터들은 이 연꽃에 대한 명상의 중요성을 강조했다.

"지고한 하늘은 가슴의 연꽃에서 빛난다."라고 까이발야 우빠니샤드는 말한다.

"분투하고 열망하는 자들은 그곳으로 들어갈 수 있다. 고독한 곳으로 물러나라. 머리와 목을 일직선으로 한 꼿꼿한 자세로 깨끗한 장소에 앉아라. 모든 감각 기관들을 통제하라. 당신의 스승에게 헌신하며 절하라. 그런 다음 가슴의 연꽃으로 들어가서, 그곳에서 순수하고, 영원하며, 더없이 행복한 브람만의 존재에 대해 명상하라."

짠도기야 우빠니샤드에는 이렇게 적고 있다.

"몸이라고 하는 브람만의 도시 안에는 가슴이 있고, 가슴 안에는 작은 집이 있다. 이 집은 연꽃의 모양을 하고 있고, 그 안에는 추구하고, 질문하며, 깨달아야 하는 그것이 산다.

"그렇다면 이 작은 집, 이 가슴의 연꽃에 사는 그것은 무엇인가? 추구하고, 질문하고, 깨달아야 하는 그것은 무엇인가?

"심지어 가슴의 연꽃 안에 있는 우주는 바깥에 있는 우주만큼이나 크다. 그 안에는 하늘과 땅, 태양, 달, 번개와 모든 별들이 있다. 대우주 안에 있는 어떤 것이든 소우주 안에도 있다.

"존재하는 모든 것, 모든 존재와 모든 욕망들은 브람만의 도시 안에 있다. 그러면 노화가 다가오고 죽어서 몸이 사라지면 그것들은 무엇이 되는가?

"몸이 노화되어도, 가슴의 연꽃은 나이가 들지 않는다. 그것은 몸의 죽음과 함께 죽지 않는다. 가슴의 연꽃, 그곳에 브람만이 영광을 누리며 거한다. 그것은 몸이 아니며, 진정한 브람만의 도시이다. 거기에 살고 있는 브람만은 어떤 행위에도 영향을 받지 않고, 늙지 않고, 죽지 않고, 슬픔으로부터 자유롭고, 배고픔과 갈증도 없다. 그의 욕망은 올바른 욕망이고, 그의 욕망은 실현된다."

문다까 우빠니샤드에는 이렇게 적혀 있다. "가슴의 연꽃 안에 그가 살고, 거기에서 신경들은 바큇살처럼 만난다. 그에 대해 옴이라고 명상하면 어둠의 바다를 쉽게 건널 수 있다. 찬란히 빛나는 가슴의 연꽃 안에는 초연하고 나눌 수 없는 브람만이 거한다. 그는 순수하다. 그는 모든 빛들 중의 빛이다. 브람만을 아는 자는 그를 얻는다."

이 명상의 방법은 영적 의식에 대한 우리의 이미지를 우리가 고군분투하고 있는 그것에 국한시키기 때문에 도움이 된다. 만약 몸을 바쁘고 시끄러운 도시로 생각한다면, 우리는 이 도시 한 가운데에 작은 성지가 있고, 그 성지 안에 우리의 진정한 본성인 아뜨만이 존재한다고 생각할 수 있다.

바깥의 도로에서 어떤 일이 일어나고 있든, 우리는 언제나 그 성지에 들어가 예배를 드릴 수 있다. 그것은 항상 열려 있다.

37. 또는 감각들에 대한 모든 집착들로부터 완전히 벗어난 깨달은 존재의 가슴(마음)에 집중(명상)해도 마음이 고요해질 수 있다.

마음이 어떤 신성한 성격, 예를 들어 붓다, 그리스도, 라마크리슈나에 대해 깊이 생각하게 하라. 그런 다음 그의 가슴에 집중하라. 순수하고 그리고 감각 대상들에 닿지 않고 있으며, 브람만을 아는 자가 되는 것이 어떻게 느껴지는지를 상상하도록 노력하라. 당신의 몸 안에서, 성자의 가슴이 당신의 가슴이 되었다고 느끼도록 애쓰라.

여기에서 다시 이미지의 국한이 아주 도움이 된다는 것을 발견하게 될 것이다. 힌두와 기독교는 둘 다 이런 형태의 명상, 즉 가슴뿐만 아니라 때로는 손과 발, 그리고 전체 형상에 대한 집중을 수행한다.

38. 또는 꿈들이나 깊은 수면 동안에 얻은 경험(통찰)에 집중해도 마음이 고요해질 수 있다.

"꿈 경험"이라는 말에서 빠딴잘리는 성스러운 성격 또는 신성한 상징에 대한 꿈을 의미한다. 그런 꿈들은 정확하게 경험이라고 불릴 수 있다. 그것들은 깨어난 후에도 우리에게 남아있는 기쁨의 느낌과 계시를 가져다주기 때문이다.

인도 영성 문헌에서 우리는 위대한 스승으로부터 만뜨람을 받는 꿈을 꾼 많은 헌신자들의 예를 발견한다. 그런 꿈 만뜨람은 깨어 있는 상태에서 주어지는 것과 똑같이 신성한 것으로 간주된다. 그것을 받은 헌신자는 그것을 계속 사용한다. 남은 평생 동안 그것에 대해 명상할 것이다.

마음을 평온하게 하는 또 다른 방법은 우리가 깊고, 꿈이 없는 잠으로부터 깨어날 때 가지는 그 평화로운 행복감에 대해 집중하는 것이다.

베단따 철학에 따르면, 사람의 아뜨만은 세 개의 층 즉 "덮개들"로 덮여 있다.

가장 바깥은 몸의 덮개로 거친 물질의 층이다. 이 아래에는 사물의 내적 본질로 이루어져 있으며, 마음spirit의 세계의 물질인 미세한 덮개가 있다.

이 아래는 인과의 덮개이다. 그렇게 불리는 이유는 그것이 우리 까르마의 거미줄이며, 우리의 성격과 우리의 삶을 어느 주어진 순간의 삶을 만드는 원인과 결과의 집합체이기 때문이다. 인과의 덮개는 우리가 우리 자신과 우주 현상을 별개의 실체로 보게 만드는 자아이다.

깨어있는 상태에서 이 세 개의 덮개들은 모두 우리와 아뜨만 사이에 있다. 그러나 꿈이 없는 잠에서 두 개의 바깥 덮개들은 제거되고 자아인 인과의 덮개만이 남는다고 베단따는 우리에게 말한다.

그러므로 우리가 다른 평범한 영적이지 않은 삶의 양상phase에서보다 꿈이 없는 잠에서 아뜨만에게 더 가깝다는 결론이 따른다. 더 가깝지만 그래도 여전히 너무나 멀다. 우리를 분리시키는 것은 우리 무지의 기본적인 층, 즉 다름이라는 거짓이다. 이것은 셋 중에서 가장 거친 덮개이다.

이 덮개는 단순한 잠을 통해서는 결코 깨어질 수 없다. 어느 날 아침 깨어나서 우리 자신이 실재와 결합되었음을 알게 될 거라고 바랄 수는 없다.

그럼에도 불구하고, 아뜨만의 즐거운 평화에 대한 어떤 희미한 징후, 약간의 광채가 이 상태에서 우리에게 들어와서, 우리가 깨어있는 의식으로 돌아갈 때 우리에게 남는다. 우리는 그것을 붙잡고 그 안에 살고자 노력해야 한다. 그것은 완벽한 지식의 희열에 대한 맛보기이다.

39. 또는 자신을 향상시키는 무슨 신성한 형상[19]을 명상해도 마음이 고요해질 수 있다.

빠딴잘리의 철학 중 가장 매력적인 특징들 중 하나는 그것의 폭넓은 시각, 그것의 보편성이다. 여기에서는 영적 수행자에게 어떤 특정 숭배^{cult}를 강요하려는 시도가 없다.

신은 우리 안에 있다. 신의 존재의 빛이 우리 무지의 층들을 통해 아

---

19 치우침이 없는 목격자를 상기시키는 무엇이라도(Dennis Hill)

무리 희미하게 빛난다 해도, 그것에 의해 우리는 선에 대한 자신의 그림과 상징들을 만들고 그리고 그것들을 외부 세계에 투사시킨다.

그런 각각의 그림, 상징 또는 생각은 만약 그것이 진정성을 가지고 있다면 신성하다. 그것은 조잡하고 유치할 수도 있고, 다른 사람들에게 매력적이지 않을 수도 있다. 그것은 중요하지 않다.

가장 중요한 것은 그것에 대한 우리의 태도이다. 우리는 진정으로 그리고 순수하게 숭배하는 어떤 것이든 우리는 그것을 신성하게 만든다.

그러므로 우리는 항상 다른 사람들의 종교에 대한 존경심을 느껴야 한다. 편견을 조심해야 한다.

그러나 동시에 위의 수뜨라 32에서 언급되었듯이, 한 가지 방법의 추구에만 우리를 한정시키고 그것을 지켜야 한다. 그렇지 않으면 단순한 영적 "윈도우 쇼핑"에 우리의 모든 에너지를 허비할 것이다.

만약 아무것도 그것 안으로 가져오지 못한다면, 우리는 성지 또는 순례지에서 아무것도 찾을 수 없다. 실재는 어디에나 있다. 그러나 우리는 우리 자신의 가슴으로만 그것과 접촉할 수 있다는 것을 결코 잊어서는 안 된다.

위대한 힌두 성자 까비르는 자신의 가장 유명한 시 중 하나에서 이렇게 말한다,

물속에 있는 물고기가 목마르다 하는 것을 들으면
나는 웃는다.

실재가 당신의 거처 안에 있는데

당신은 초조하게 숲 여기저기를 돌아다닌다.

진리는 여기에 있다!

당신이 베나레스 또는 마뚜라로 가라.

당신의 영혼에서 신을 찾을 때까지

온 세상은 당신에게 아무런 의미를 지니지 못할 것이다.

40. 점차로 요기의 집중의 통달은 가장 작은 것으로부터 무한히 큰 것에 이르는 어느 크기의 대상에도 집중할 수 있다.

여기에서 "요기"는 단지 "요가를 수행하는 사람"을 의미하는 것이 아니라, 나누어지지 않는 즉 "한 점으로 향한" 집중을 이미 이룬 사람을 말한다. 이 힘은 물론 완벽한 자기 통달을 통해서만 얻어질 수 있다.

영적 수행자가 집중을 수행하기 시작할 때, 그는 온갖 종류의 방해요인들을 만난다. 다락방과 지하 저장고를 청소하기 전까지는 집안에 얼마나 많은 쓰레기가 있는지 깨닫지 못한다. 집중하려는 시도가 있기 전까지는 당신 마음의 잠재적인 영역 안에 얼마나 많은 쓰레기들이 쌓여 있는지를 깨닫지 못한다.

그래서 많은 초보자들이 좌절한다. 그들은 말한다. "집중 수행을 시작하기 전에는 나의 마음은 아주 깨끗하고 고요한 것처럼 보였다. 이

제 나의 마음은 산만해지고 더러운 생각들로 가득하다. 그것이 나를 역겹게 만든다. 나는 내가 그렇게 나쁘다고 생각하지 않았다! 확실히 나는 더 좋아지는 것이 아니라 더 나빠지고 있는가?"

물론 그들의 잘못이다. 그들이 마음의 집안 청소를 했다. 그래서 이 모든 혼란이 일어났다는 것은 그들이 올바른 방향으로 한 걸음 내딛었다는 것을 의미한다. 그들이 이제까지 경험했던 고요함, 그것은 다름 아닌 무감각 즉 진흙으로 꽉 채워진 연못의 정적이었다.

우연한 관찰자에게, 나태와 평온 즉 따마스와 삿뜨와는 어떤 때는 같아 보인다. 그러나 한 쪽에서 다른 쪽으로 넘어가기 위해서는, 적극적 노력의 극심한 방해 즉 라자스의 양상을 통과해야만 한다. 우리의 분투와 고통을 보고 있는 우연한 관찰자는 말할 것이다. "그는 예전에는 사이좋게 지냈다. 나는 과거의 그가 더 좋다. 종교는 그에게 맞지 않는 것 같다."

우리는 그것을 신경 쓰면 안 된다. 그 모든 일시적 굴욕에도 불구하고 우리는 그 자기 통달, 빠딴잘리가 말하는 집중에 이를 때까지 우리의 투쟁을 계속해야 한다.

41. 순수한 수정이 가장 가까이 있는 물체의 색상을 취하듯이, 생각의 물결들로부터 깨끗해진 마음은 집중의 대상과 같아진다. 이 하나 됨을 사마디라 한다.

여기에 언급된 여러 집중 대상들은 이 장의 수뜨라 17에 대한 주석에서 이미 논의되었다. 빠딴잘리가 전문 용어인 사마디라고 지금 말하는 요가의 상태는 각각의 계속되는 현상의 단계level에서 성취될 것이다. 우리는 대상들의 겉모습에서 시작하여 개별성의 가장 안쪽을 뚫고 들어갈지도 모른다.

우리가 잠시 후에 보게 될 것처럼 다양한 종류의 사마디가 있다. 그러나 마음이 그 대상과의 "동일함 또는 동질감"을 성취할 수 있는 이 엄청난 집중의 힘을 얻을 때까지 어떤 종류의 사마디도 가능하지 않다.

수뜨라 5를 논할 때 보았듯이, 마음속의 생각의 물결들은 먼저 하나의 거대한 물결, 하나의 집중의 대상으로 많은 작은 물결들을 삼켜야만 고요해질 수 있다.

우빠니샤드에서 우리는 약간 다르고 어쩌면 더 간단한 방식으로 설명된 이 과정을 발견한다. 우리는 어떤 대상에라도 집중하고 그것을 내재하는 실재 즉 아뜨만의 상징으로 생각하라는 말을 듣는다.

만약 이 개념을 붙잡고 잠시도 그것을 놓지 않는다면, 우리는 대상의 겉모습의 바깥 덮개들을 지나 그 존재의 내면의 성품으로 꿰뚫고 들어간다.

42. 마음이 거친 집중의 대상(물리적 집중의 대상)의 이름, 형태 그리고 지식(자각, 인식)이 섞여 있으면서 하나가 될 때, 이것은 사비따르까(생각을 동반한) 사마디라 한다.

43. (기억이 잘 정화되어) 마음이 거친 집중의 대상의 이름, 형태와 지식이 없이 하나가 될 때, 이것을 니르비따르까 사마디라 한다.

우리의 모든 평범한 자각은 빠딴잘리가 말하는 것처럼 "이름", "특성", 그리고 "지식"으로 혼합되어 있다. 예를 들어, 책상을 볼 때, 우리는 ⑴ 대상의 이름 즉 "책상", ⑵ 대상의 특성 즉 그것의 크기, 모양, 색, 목질 등, ⑶ 그 대상에 대한 우리의 지식 즉 그것을 지각하고 있는 것은 우리 자신이라는 사실을 자각한다.

강한 집중을 통해 우리는 책상과 하나가 될 수도 있지만, 마음속으로는 여전히 "이름", "특성", "지식"의 혼합을 유지한다.

이것은 사비따르까라고 알려진 가장 낮은 종류의 사마디이다. 그 뜻은 "숙고deliberation를 동반한"이다. 사비따르까라는 용어는 집중의 대상이 거친 원소들 즉 가장 외적인 현상에 속해서만 적용된다.

니르비따르까 즉 "숙고하지 않는"이라 불리는 사마디에서 우리는 더 높은 단계에 이른다. 집중의 대상과의 동일감의 성취는 이제 이름, 특성, 지식의 자각과 섞이지 않는다.

다른 말로 하자면, 우리는 대상에 대한 우리의 반응인 생각의 물결들을 결국엔 잠잠하게 할 수 있다. 다름 아닌 대상 바로 그 자체를, 있는 그대로를 알 수 있다.

칸트의 유명한 용어를 사용하면 "사물 그 자체"를 알 수 있다. 칸트는 "사물 그 자체"는 감각들 또는 추론적 마음에 의해 알 수가 없다고 아주 정확히 주장했다. 왜냐하면 감각들과 이성^{reason}은 우리에게 주관적 반응만을 제시할 수 있기 때문이다.

"어떤 물체들이 그 스스로 무엇인지 그리고 우리 감각들의 수용성과 떨어져서 무엇인지는 우리에게 완전히 미지로 있다. 우리는 그것들을 지각하는 우리의 방식 외에는 아무것도 모른다. 그 방식은 우리에게 별난 것이며 그리고 모든 존재에 의하여 공유될 필요가 없는 그 방식..."이라고 적었다.

감각들이나 이성 이외에는 어떤 경험의 타당성도 인정하지 않았던 칸트는 그래서 "사물 그 자체"가 알 수 없는 것이라는 결론을 내릴 수밖에 없었다.

여기에서 빠딴잘리는 그의 말에 동의하지 않는다. 빠딴잘리는 감각 지각을 넘어서는 더 높은 종류의 지식, 초월의 지식이 있다고 말한다.

그것에 의해 "사물 그 자체"를 알 수 있다고 말한다. 이것은 물론 종교의 신비들을 수행함으로써 이루어질 수 있다. 매 종교는 그것을 주장한다.

44. 집중의 대상이 미세할 때, 사비짜라(미세한 생각이 있는)**와 니르비짜라**(미세한 생각이 없는)**라는 둘로 같은 방식으로 구분될 수 있다.**

즉, 이 장의 수뜨라 17에서 보이는 미세한 체계나 본질적 현상의 체계들에 속하는 집중의 대상을 다룰 때, 우리는 여전히 더 높은 사마디와 낮은 사마디 사이를 구분해야 한다.

사비짜라 즉 "깊이 생각하는^{reflective}"사마디는 이름, 특성, 지식의 자각과 섞인 미세한 대상 즉 딴마뜨라[20]에 대한 사마디이다.

니르비짜라 즉 "초 깊이 생각하는^{super reflective}" 사마디는 그런 자각과 섞이지 않은 미세한 대상에 대한 사마디이다.

45. 모든 미세한 대상들 뒤에는 제1의 원인인 쁘라끄리띠가 있다.

빠딴잘리의 우주의 그림을 공부하면서 이미 보았듯이, 쁘라끄리띠는 기본적이고 분화되지 않은 물질이다. 그것은 모든 현상들을 산출하는 에너지이다.

명상을 하는 마음이 안으로 향할 때, 그것은 사물들의 거친 바깥 덮개에서 그것들의 미세한 본질들까지 철저히 드러난다. 그리고 이 미세한 본질을 넘어, 그것은 쁘라끄리띠 그 자체에 이른다.

그러나 쁘라끄리띠는 궁극적 실재가 아니다. 쁘라끄리띠 뒤에는 브람만이 있다. 이미 설명한 네 종류의 사마디는 모두 현상들의 영역 안에 있다.

그것들은 모든 것들 중에서 최고의 사마디인 브람만과의 직접적 결합의 상태를 위한 준비일 뿐이다. 이런 이유로 슈리 라마크리슈나는

---

20 소리, 촉감, 맛, 색깔 등과 같이 감각들에 의해 지각이 가능한 대상들이라기보다 에너지들, 혹은 잠재력들과 같은 미묘한 원소들.

우화를 이야기하곤 했다.

한 제자가 신에 대해 명상하는 법을 배우기 위해 스승에게 왔다. 스승은 그에게 가르침을 주었지만, 제자는 곧 돌아가서 자신은 그 가르침을 수행할 수 없다고 말했다. 명상을 하려고 할 때마다 그는 버팔로에 대해 생각하고 있는 자신을 발견했다.

"그렇다면 너는 그렇게 좋아하는 버팔로에 대해 명상하라." 라고 스승이 말했다. 제자는 방에서 문을 닫고 버팔로에 대해 명상하기 시작했다. 며칠 후 스승이 그의 문을 두드렸고 제자가 대답했다.

"스승님, 죄송하지만 제가 인사를 드리러 나갈 수가 없습니다. 이 문은 너무나 작습니다. 제 뿔이 방해가 될 것입니다." 그러자 스승은 웃으며 말했다. "훌륭하구나! 너는 네가 집중하는 대상과 하나가 되었다. 이제 그 집중을 신에게 고정하면 쉽게 성공할 것이다."

46. 이 사마디들은 (집착의) 씨앗을 가지고(유종자, 사비자) 있다.

다시 말해, 완벽한 집중이 이루어졌다 해도 욕망과 애착의 씨앗들은 마음속에 여전히 남아있을 수 있다. 이런 욕망의 씨앗들은 이 장의 수뜨라 19에서 보는 것처럼. 우리가 집착하지 않음이 없이 집중하는 사람들의 운명을 생각할 때 보는 것처럼 위험하다.

그러나 이제 해방은 아주 가깝다. 수행자는 이미 그런 높이들로 올라서 속박으로 다시 빠질 것 같지 않다.

47. 니르비짜라 사마디에 이르면 마음은 순수해진다(지고한 아뜨만이 빛난다[21]).

48. 그 사마디에서 지식은(그는) "진리로 가득 차[Truth bearing, rtam bhara]"[22] 진다(절대적 의식에 이른다).

49. 그 지식은 듣거나 추론[reasoning]하거나, 경전들의 공부로부터 얻어지는 지식과는 완전히 다르다. 그것은 그것들을 넘어선다.

여기에서 빠딴잘리는 두 종류의 지식을 설명한다.

감각들과 이성의 명상을 통해 얻는 지식과 직접적이고 초의식적 경험에 의해 얻는 지식이다.

보통의 지식은 감각 지각과 우리의 이성에 의한 이들 지각의 해석을 거쳐 우리에게 온다. 그러므로 보통의 지식은 "보통의 대상들"에 국한 된 것이다. 즉, 우리 감각 지각들의 범위에 있는 그런 종류의 현상들에 국한된 것이다. 보통의 지식은 평범하지 않은 것을 다루려고 할 때, 그것의 무력함은 즉시 드러난다.

예를 들어, 우리에게 신의 존재에 대해 말해주는 많은 경전과 글들

---

21   비야사는 다음과 같이 말하였다. "산 정상에 있는 사람은 아래에 있는 모든 것을 보듯이, 지혜의 명료함의 정상에 있는 사람은 고통에서 자유로워지지만, 모든 사람이 고통 중에 있는 것을 본다." 이 말은 불교의 첫 고귀한 진리 즉 "모든 것이 고통이다."는 것을 떠올리게 한다(Edwin, F Bryant).

22   다르마 메가 혹은 법운 사마디라 하는 사람들도 있다. 실재에 대한 진리(Edwin, F Bryant).

이 있다. 우리는 이 책들을 읽고 그 가르침을 어느 정도까지 받아들일 수 있다.

하지만 그것을 읽었기 때문에 신을 안다고 주장할 수는 없다. 우리가 안다고 말할 수 있는 것은 이 경전들이 신을 안다고 주장하는 사람들에 의해 쓰였다고 하는 것이 전부이다.

왜 우리는 그들을 믿어야 하는가? 사실, 우리의 이성은 그 경전의 저자들이 자기 기만적이거나 정신 이상이 아니라, 아마도 정직하고 믿을 만할 것이라고 우리에게 시사할 것이다.

그래서 우리는 그들이 말하는 것을 믿는 경향이 있다. 그러나 그런 믿음은 단지 부분적이고 일시적인 것이다. 그것은 아주 만족스럽지 못하다. 그것은 분명 지식이 아니다.

그래서 우리에게는 이제 두 가지 선택들이 있다.

하나는 감각 접촉의 대상들에게만 한정된 오직 한 종류의 지식만이 있고, 그것 때문에 경전들의 가르침에 관한 영원한 불가지론을 따르기로 우리는 결심해야 한다.

아니면 초감각적이고 그래서 직접적인 경험을 통한 이 가르침들의 진리를 확인해줄 수 있는 또 다른 더 높은 종류의 지식의 가능성을 인정해야 한다.

그런 것은 사마디를 통해 얻어지는 지식이다. 우리 각자는 스스로 그것을 찾아야만 한다.

스와미 비베까난다는 말했다. "깨달음이 진정한 종교이고, 나머지는 모두 지각일 뿐이다. 강연을 듣거나 책들을 읽는 것, 또는 추론하는 것은 단지 토대를 마련해주는 것이다. 그것은 종교가 아니다. 지적인 동의와 지적인 반대는 종교가 아니다."

사실 종교는 엄격하게 실용적이고 경험인 유형의 조사이다. 당신은 아무것도 믿지 않는다. 당신은 자신의 경험 외엔 아무것도 받아들이지 않는다. 당신은 원시림의 탐험가처럼, 무엇을 발견할지 보기 위해 혼자 한 걸음 한 걸음 앞으로 나아간다.

빠딴잘리나 다른 누군가가 당신을 위해 해 줄 수 있는 것은 당신이 탐험을 시도하도록 재촉하고 당신의 길에서 도움이 될 만한 어떤 대강의 힌트와 경고를 주는 것이다.

빠딴잘리는 니르비짜라 사마디의 상태에서는 마음이 "순수"해지고 "진리로 가득 찬다."고 말한다.

이 상태에서는 대상에 대한 하나의 큰 집중의 물결이 모든 작은 생각의 물결들을 삼켜버리기 때문에 마음이 순수하다고 말해진다.

애착의 "씨앗들"이 이 물결 안에 여전히 존재한다는 것은 사실이지만, 유예된 활기의 상태에서만 그러하다. 그것들은 적어도 잠시 동안은 아무런 해를 주지 않을 수 있고, 다시 결실을 맺게 될 것은 아주 불가능할 것 같다.

왜냐하면 이 정도까지 발전했기에 그들의 전멸을 초래할 마지막 단계를 밟는 것은 비교적 쉽기 때문이다.

니르비짜라 사마디에서 마음은 지금 직접적인 초감각적 지식을 경험하기 때문에 진리로 가득 차 있다고 말해진다.

선택한 이상^{Chosen Ideal} 즉 영적 성격에 대해 명상을 했던 이들은 더 이상 주관적으로 상상한 것이 아니라 객관적으로 알려진 것으로서 그 성격과의 직접적 접촉을 경험한다.

만약 당신이 크리슈나, 그리스도, 또는 라마크리슈나에 대해 명상을 해 오고 있고, 상상으로 그들 중 어느 하나를 그려보려고 노력해오고 있다면, 당신은 당신의 그림이 살아있는 존재의 실재 속으로 녹아드는 것을 발견하게 될 것이다.

그 존재를 알면, 그것에 대한 당신의 그림이 불완전하고 살아있는 원래의 것과는 달랐다는 것을 보게 될 것이다. 이 경험을 했던 사람들은 그것을 자석의 작용에 비유한다.

명상의 예비 단계들에서, 그 노력은 전적으로 당신 자신으로부터 나오는 것처럼 보인다. 당신은 계속해서 자신의 마음이 그것의 대상을 향한 채로 남아있게 만든다. 그러나 이제 당신은 자신의 마음을 원하는 방향으로 끌어당기는 자석의 인력, 외부의 힘을 의식하게 된다. 그 결과 그 노력은 더 이상 당신 자신의 것이 아니다. 이것이 은총이라는 것이다.

사마디를 통해 얻어지는 계시들이 진짜 계시이며, 자기기만이나 자기 최면의 형태가 아니라는 것을 어떻게 우리는 확신할 수 있는가? 상식은 몇 가지 시험을 시사한다.

예를 들자면, 그렇게 얻은 지식은 다른 사람들이 이미 얻은 지식과 모순되어서는 안 된다는 것은 명확하다. 아는 사람들은 많지만 진리는 오직 하나이다.

다시 말해, 이 지식은 분명 다른 수단으로는 알 수 없는, 말하자면 우리의 평범한 감각 경험으로는 알 수 없는 어떤 것이어야 한다.

마지막으로 이 계시는 완벽한 마음의 갱신^{renewal}과 성격의 변형을 함께 가져와야 한다. 대주교 템플은 이렇게 적었다.

"기도와 행동 사이의 올바른 관계는 그 행동이 지극히 중요하고 기도가 그것을 도울 수 있다는 것이 아니라, 기도가 가장 중요하고 행동이 그것을 시험하는 것이다."

그리고 영적 삶의 예비 단계들에서 이것이 사실이라면, 사마디의 최종적인 결합 상태에서 그것은 훨씬 더 두드러지게 입증되어야 한다. 그것을 성취하면, 사람은 성자가 된다. 왜냐하면, 빠딴잘리가 말하듯이.

50. 그 사마디가 마음에 남긴 인상은 모든 다른 인상들을 지운다.

그리고 이제 그는 브람만과의 완벽한 합일이라는 궁극적 단계를 밟는 법을 우리에게 이야기하기 시작한다.

51. 그 사마디의 인상조차도 지워질 때[23], 그는 "씨앗이 없는(니르비자, 무종자, 완

---

23 생각이 전혀 없으면 니르비깔빠 사마디이다(Sivananda).

전한 해방)[24]"사마디에 들어간다.

모든 다른 생각의 물결, 모든 삼스까라와 과거의 인상들을 삼켜버리는 하나의 대상, 하나의 큰 집중의 물결을 마음속에서 일으킴으로써 사마디가 이루어진다는 것은 이미 설명했다.

그러나 이제 이 하나의 물결조차도 고요해져야 한다. 그것이 가라 앉았을 때, 우리는 모든 것들 중에서 가장 높은 그 사마디로 들어간다.

그것은 베단따 철학 체계에서 니르비깔빠라고 불린다. 니르비깔빠 사마디는 씨앗이 없다고 한다. 왜냐하면 그것이 단지 순수하고 분화되지 않은 의식일 뿐이기 때문이다. 그것은 어떤 현상적인 인상도 포함하지 않고, 욕망과 애착의 씨앗도 포함하지 않는다.

브람만은 "집중의 대상"이 아니다. 브람만 안에는 아는 자도 없고 대상도 없다. 우리가 보았듯이, 브람만은 순수하고 분화되지 않은 의식이다.

니르비깔빠 사마디에서 당신은 더 이상 자신이 아니라 말 그대로 브람만과 하나이다. 당신은 겉으로 보이는 우주와 그것의 모든 형태와 생명체들의 진정한 성품으로 들어간다.

이론적으로라도 빠딴잘리의 그 높이까지 따르는 것은 어렵다. 그리고 만약 처음으로 돌아가서 좀 더 단순하고 덜 기술적인 방식으로 그

---

24 잠재적 경향성들이 타버린 씨앗들처럼 되었다. 다른 말로 하자면 까르마의 바퀴로부터 해방되었다(Dennis Hill).

가 우리에게 가르쳤던 것을 개괄하려고 노력한다면, 어쩌면 그것은 이 장을 끝내기 전에 잘 되었을 것이다.

우리는 마음이 집중하도록 훈련함으로써 시작해야 하지만, 이 집중의 수행은 집착하지 않음을 수반해야 한다고 빠딴잘리는 우리에게 경고했다.

그렇지 않으면 우리는 어려움에 처할 것이다. 만약 이 세상의 것들에 애착을 유지하면서 집중하려고 한다면, 완전히 실패하거나 우리가 새롭게 얻은 집중의 힘들이 우리를 위험에 빠뜨릴 것이다.

왜냐하면 우리는 불가피하게 이기적이고 영적이지 않은 목적을 위해 그것들을 사용할 것이기 때문이다. 우리의 시대는 이 두 번째 대안의 결과들에 대한 끔찍한 모습을 목격하고 있다. 20세기 인간은 민족주의적 힘에 대한 애착을 버리지 않고 과학과 기술에 집중해왔다.

그래서 그는 원자 에너지의 비밀을 가지고 있다. 제대로 사용하면 해가 없고 모두에게 이익이 되지만, 그러나 새로운 갱생의 의지가 없는 현재의 상태에서는 그를 파괴할 수도 있다. 그 위험은 우리의 많은 진지한 사상가들이 지적했듯이 원자의 핵분열에 있는 것이 아니라 인간의 마음에 있다.

이 세상의 욕망, 대상, 야망들에 대해 집착하지 않음을 얻는 가장 간단한 방법은 무엇인가?

우리는 생각할 수 있는 가장 높은 대상, 즉 신에 대한 애착을 기르는 것으로써 시작해야 한다. 우선 가장 낮은 단계 즉 거친 현상의 단계에서 이것을 할 수 있다. 그리스도, 라마크리슈나, 또는 어떤 나라나 종교의 주요 성인이든 위대한 영적 스승을 선택하라.

이런 사람들은 실제로 인간의 형상으로 이 지구에 살았다. 당신은 그들의 삶에 대해서 읽을 수 있다. 인간으로서 그들에게 접근할 수 있다. 그들에 대한 사랑을 키우고, 그들처럼 되고 싶어 하며, 당신의 삶을 그들의 삶을 본보기로 삼음으로써 그들을 섬기고 그들의 메시지를 퍼뜨리려고 노력하는 것은 쉽다.

이 섬김과 이 사랑을 통해, 다른 더 작은 사랑과 대상들에 대한 집착하지 않음은 자연스럽게 온다. 이것은 우리가 다른 사람들이나 우리 자신의 일과 의무에 대해 무관심해진다는 것은 아니다.

그러나 다른 사람들에 대한 우리의 사랑은 우리의 이상에 대한 사랑에 포함된다. 그것은 독점적이고 소유욕이 있기를 멈춘다. 우리의 일은 이제 그 이상에 대한 봉사로서 행해지기 때문에 새로운 의미를 갖는다. 우리는 그것에 대해 이전보다 더 열정을 느껴야 한다.

우리의 이상적 스승에 대한 헌신과 그의 삶에 대한 명상을 통해, 우리는 점차 사람 안에 있는 영Spirit에 대해 이해할 것이다. 그래서 우리는 거친 현상의 단계를 거쳐 미세하거나 영적인 단계로 간다.

우리는 더 이상 그리스도나 라마크리슈나를 시간 안에서의 인간으로서 존경하는 것이 아니라, 영원하고 영적인 존재로서 그들을 숭배할 것이다. 우리는 그들의 신성한 면을 알 것이다. 그것이 두 번째 단계이다.

그러나 세 번째 단계인 세 번째 의식의 수준이 있다. 그리스도 뒤에, 라마크리슈나 뒤에, 어떤 개별적 신의 개념 뒤에는, 이 형상들이 단지 그것의 부분적이고 개별적인 투사일 뿐인 브람만, 토대, 중심적인 실재가 있기 때문이다.

브람만과 합쳐지게 되면, 우리는 그리스도의 모습으로 나타났고, 우리의 만들어내지 못한 자기들 내에 숨겨져 영원히 존재하는 그것과 하나가 된다. 이 합일이 니르비깔빠 사마디의 상태이다.

낮은 단계의 사마디들 모두 이원성이라는 느낌의 흔적을 가지고 있다. "나의" 이상에 대해 명상하고 있는 것도 여전히 "나"이다. 우리 사이에는 분리가 있다. 위대한 성자조차도 최종적인 비인격적 합일을 이루기 위해 그의 이상에 대한 이 강렬한 개인적 사랑을 포기하는 것을 고통스럽게 여기는 것은 당연하다.

라마 크리슈나가 처음에 어떻게 니르비깔빠 사마디에 이르렀는지를 설명하면서, 그는 말했다. "마음을 모을 때마다, 나는 신성한 어머니의 희열의 형상과 마주하게 되었다. 어머니의 의식으로부터 마음을 자유롭게 하려 아무리 노력해도, 나는 너머로 가기 위한 의지가 없었다. 그러나 나는 결국 의지의 힘을 모두 모아 분별력의 칼로 어머니의 형상을 갈기갈기 찢었다. 곧 나의 마음은 '씨앗이 없어'져서 나는 니르비깔빠에 이르렀다. 그것은 도저히 형언할 수 없는 것이었다."

니르비깔빠 사마디는 샹까라에 의해 다음과 같이 묘사되었다.

"아뜨만과 브람만의 계속적인 합일의 의식이 있다. 아뜨만의 덮개들에 대한 더 이상의 동일시는 없다. 모든 이원성의 느낌은 사라진다. 순수하고 하나로 된 의식이 있다. 이 의식에서 잘 자리를 잡은 사람은 깨달음을 얻었다고 말해진다.

"깨달음에 자리를 잡으면, 그는 이 생에서라도 자유로워진다고 한다. 그의 희열은 끝이 없다. 그는 이 현현들의 세상을 거의 잊어버린다.

"그의 마음이 브람만 안으로 녹아들지라도, 그는 완전히 깨어있다. 그는 깨어있는 삶의 상태가 가지고 있는 무지로부터 자유롭다. 그는 완전히 의식적이지만 어떤 갈망으로부터도 자유롭다. 그런 사람은 이 생애에서조차도 자유롭게 되었다고 말해진다."

"그에게 있어 이 세상의 슬픔들은 끝났다. 비록 그는 한정된 몸을 가지고 있지만, 그는 무한과 결합된 채로 있다. 그의 가슴은 아무런 근심을 모른다. 그런 사람은 이 생애에서도 자유롭게 되었다고 말해진다."

일단 니르비깔빠 사마디가 성취되면, 성자는 그 안팎으로 반복해서 통과하는 것이 가능하다. 슈리 라마크리슈나의 경우는 그러했다.

니르비깔빠에 있을 때, 그는 비인격적 브람만과의 합일을 경험했다. 하지만, 정상적인 의식으로 돌아오자마자, 그는 자신이 선택한 이상 즉 신성한 어머니의 측면의 신에 대해 이야기하곤 했다.

그는 브람만을 알았기 때문에, 어머니는 그에게 그녀의 실재를 잃지 않았다. 우리의 언어로, "실재"라는 단어는 모호하고 막연하게 사용되고 혼동을 일으키기 쉽기 때문에 이것을 기억하는 것이 중요하다.

오직 브람만이 실재라고 말할 때, 다른 모든 것들이 환영이라는 것이 아니라 오히려 오로지 브람만이 본질적이고 편재한다는 것을 의미한다.

신의 측면들 즉 신성한 화신들은 그들 자신의 상대적인 실재의 순서를 가지고 있다. 미세하고 거친 대상들도 그러하다. 물질주의자들 즉 그들 자신을 "현실적이다"라고 설명하는 사람들은 실제이지 않은 세상에서 살고 있다. 왜냐하면 그들은 거친 감각 지각의 수준에 스스로를 한정시키기 때문이다.

그러나 깨달음을 얻은 성자의 지각은 거친 것에서 미세한 것까지, 미세한 것에서 절대적인 것까지 광범위하게 걸쳐 있다. 그리고 오직 그만이 이 우주의 성품이 실제로 무엇인지 알고 있는 사람이다.

제2장

요가와 그 수행

1. 고행(따빠스), (자신에 대한) 공부(스와디야야), 자신의 일의 결실들을 신에게 바치기(이스와라 쁘라니다나[25]), 이것들은 요가를 향한 예비 단계들이다.

그의 수뜨라들의 첫 장을 요가의 목적에 바쳤기 때문에, 빠딴잘리는 그것의 수행에 대한 장을 이제 시작한다. 요가에 대한 이 예비 단계들은 종합적으로 끄리야 요가라고 알려져 있다. 그것은 "요가를 향한 일"을 의미한다.

이 번역에서 사용된 세 단어 즉 금욕, 공부, 헌신 중 어떤 것도 자명하지 않다. 그것들에 해당하는 산스끄리뜨는 조금 다른 준거 기준을 가지고 있다. 그래서 그 각각을 차례대로 상세히 말할 필요가 있을 것이다.

영어 단어 "금욕[austerity]"은 소름끼치는 의미를 지니고 있다. 두 가지

---

25   내면의 참나 즉 내면의 의식, 정지 혹은 편파적이지 않은 목격자에 위치할 수 있기
(Dennis Hill). 신에 대한 강렬한 사랑, 신에 굴복.

즉 "고행"과 "수련"이라는 두 의미를 가지고 있어서 그렇다. 대부분의 우리들에게 수련은 훈련시키는 교관을 암시한다. 고행은 끔찍한 괴저 gangrene이다. 금욕은 버터를 덜 먹어야 한다고 대중에게 말하는 보건복지부 장관이다. 우리의 언어를 아주 깊게 물들인 청교도주의는, 종종 그렇듯이 여기에서, 힌두 사상에 대한 우리의 이해를 방해한다.

이 경구에서 빠딴잘리가 사용한 산스끄리뜨 단어는 따빠스이다. 주요 의미로 그것은 열이나 에너지를 만들어내는 것을 의미한다. 따빠스는 에너지를 보존해서 그것을 요가의 목적 즉 아뜨만과의 합일을 향하도록 하는 수행이다.

분명 이것을 하려면 우리는 자기 수련을 연습해야 한다. 우리는 몸의 욕구와 열정들을 통제해야 한다.

하지만 위에서 언급한 세 개의 영어 단어들에 대해 심리학적으로 오해하게 만들고 있는 것은 그것들이 모두 이 자기 수련의 즐겁고 긍정적인 측면 즉 수련이 가능하게 만드는 최고의 성취 대신 어둡고 부정적인 측면을 강조한다는 것이다.

자기 수련의 부정적 측면을 강조하는 것은 우리 사회에서 영적 삶에 대해 만들어지는 아주 많은 간접적인 선전에 기여하는 것이다. 대부분의 사람들은 수도승의 수련과 금욕들에 대해 이야기할 때 약간의 경외심과 공포를 가진다. 그들은 그런 삶의 방식이 자연스럽지 않다는 것을 안다.

만약 젊은 사람이 권투 시합이나 경주를 위한 훈련을 하기 위해 스스로 똑같이 극단적인 금욕들을 한다면, 그것을 부자연스럽지도 않고 경외심을 불러일으키지도 않는다고 이 똑같은 사람들은 생각한다. 왜 복싱 시합에서 이기기를 원해야 하는지는 모든 사람들이 이해할 수 있다. 왜 신을 찾기를 원해야 하는지는 훨씬 덜 명백하다.

금욕을 위한 금욕은 자기 고문이라는 왜곡된 컬트로 쉽게 타락한다. 이것은 또 다른 위험이다. 과장된 수단들의 배양으로 목적이 잊히게 한다.

우리는 동양과 서양에서 똑같이, 고행복을 입고, 매듭지어진 채찍을 가지고 못 박힌 바닥에 서 있는, 그런 많은 대표적인 수행자들을 찾을 수 있다.

바가바드 기따(17장 5-6)에서 슈리 크리슈나는 노골적으로 그들을 비난한다.

"경전들에서 권하지 않은 방식들로 몸을 과도하게 고문하는 악한 성품을 가진 사람들도 있다. 그들은 감각 대상들에 대한 그들의 욕정과 집착이 그들을 이기심과 자만심으로 채워져 그렇게 한다. 그들의 어리석음으로 인해 그들은 그들의 모든 감각 기관들을 약화시키고, 몸 속에 거하는 자인 나를 화나게 한다."

붓다처럼 슈리 크리슈나는 절제를 조언한다(6장 16-17). "요가는 과식하거나, 과도하게 단식하거나, 너무 많이 자거나, 과도하게 밤을 새는 사람을 위한 것이 아니다. 먹기, 휴식, 일, 잠, 깨어 있음에서 절제하는 사람이 되어라."

바가바드 기따의 다른 부분(17장 14-16)에서는, 세 종류의 고행이 정의된다.

"신, 브람민, 스승, 현자들을 몸의 깨끗함, 정직, 무해함, 그리고 성적 순결의 방법으로 숭배하는 것, 이것은 신체의 고행이다.

다른 사람에게 고통을 주지 않고 말하고, 진실하고, 친절하고 이로운 것을 늘 말하고 그리고 경전들을 규칙적으로 공부하는 것, 이것은 말의 고행이다.

마음의 평화, 연민, 아뜨만에 대한 명상, 감각 대상들로부터 마음의 철회, 동기의 순수, 이것은 마음의 고행이다."

말^{Word}에 대한 힌두의 이해에서 진정한 고행은 광신적인 자기 형벌이 아니라 조용하고 정상적인 자기 통제의 과정이다. 몸은 잔인하게 두들겨 맞고 망가져서는 안 된다. 그것은 말^{horse}을 다루는 것처럼 확고하지만 신중하게 다루어져야 한다.

이것은 까따 우빠니샤드의 저자가 도입한 이미지이다. "현명한 사람들은 말하기를 감각들은 말^{horse}이라 한다. 그 말들이 가는 길은 욕망의 미로들이라고 한다... 사람이 분별력이 없고 그 마음이 통제되지 않을 때, 그의 감각들은 다루기 힘들다. 마부의 가만히 있지 못하는 말들처럼

하지만 분별력이 있고 마음이 통제되면, 그의 감각들은 마부의 잘 훈련된 말들처럼 부드럽게 고삐에 순응한다... 마부에 대한 온전한 이해와 고삐에 대한 통제된 마음을 가진 사람, 그는 여행의 목적지에 이

른다."

고행의 수행, 즉 산스끄리뜨 단어 따빠스의 의미에서는 규칙적인 의식적인 숭배의 행위 또한 포함할 수 있다. 그러나 이 문맥에서는 기독교와 힌두 사이에서 의식ritual의 개념을 구분하는 것이 중요하다.

의식을 완전히 배제하는 퀘이커교도와 의식의 중요성을 크게 최소화하는 다른 몇몇 개신교 종파는 그만두고, 기독교인들은 그들의 다양한 의식의 행위를 성례 즉, 본질적으로 유익하고 절대적으로 필요한 행위로 간주한다고 말할 수 있다.

성례이기 때문에 그것들은 적법한 절차를 따라 임명된 사제나 성직자들에 의해서만 행해질 수 있다. 그것에 참여하는 것은, 적어도 천주교도들에게는, 사람의 영적 건강과 구원에 꼭 필요한 것으로 여겨진다.

반면, 힌두인들에게 의식의 행위들은 단순히 헌신의 표시이며 또한 명상에 도움이 되는 것이다. 필요하다면 어떤 가장도 자신의 집에서 행할 수 있다. 특히 초보자들에게 그것들은 분명히 아주 중요한 도움이지만, 결코 필수적인 것은 아니다.

원한다면 당신은 다른 경로들을 통해 신에게 접근할 수도 있다. 많은 것들이 개별 헌신자의 기질에 따라 좌우된다. 모든 제자들이 이 접근법을 수행하기를 기대하는 힌두 스승은 없을 것이다.

미사나 주의 만찬에 가장 가깝게 대응하는 힌두 의식은 아주 정교하다. 그것의 수행은 거의 끊임없는 주의를 필요로 한다.

이런 이유로 그것은 초보자의 방황하는 마음을 위한 뛰어난 훈련이다. 각각의 연속적인 행위는 그 행위 이면의 생각을 떠올리게 한다. 당신은 너무 바빠서 다른 것을 생각할 수가 없다. 생각과 행위, 행위와 생각은 계속되는 사슬을 만든다. 처음이라 하더라도 비교적 높은 집중도를 성취할 수 있다는 것을 발견하고는 놀랄 것이다. 또한 의식은 당신에게 겸손하지만 직접적이고도 친밀한 방식으로 신을 섬기는 느낌을 준다.

"사람이 자신이 있는 곳에서 영적 여정을 시작하는 것은 아주 중요하다. 만약 보통 사람이 절대적 브람만과의 합일에 대해 명상을 하라는 가르침을 받으면, 그는 이해하지 못할 것이다. 그는 그것의 진리를 파악하지도 못하고 지시들을 따르지도 못할 것이다.

하지만, 그 사람이 꽃들, 향, 그리고 다른 의식 숭배 용품들을 가지고 신께 숭배하라는 말을 들으면, 그의 마음은 서서히 신에게 집중하게 되고, 그는 자신의 숭배에서 즐거움을 찾을 것이다."라고 스와미 브람마난다는 말했다.

이 수뜨라의 문맥에서 "공부"는 경전과 영적 삶을 다루는 여러 책들의 공부를 의미한다. 그것은 또한 제1장, 수뜨라 28에서 보이는 신의 이름의 반복 즉 자빠의 수행을 언급한다.

그의 일의 결실들을 신에게 바치는 것은 아주 중요한 영적 수행이다. 특히 매우 활동적인 삶을 살 수밖에 없는 사람들, 즉 의무에 의해 강요되는 사람들에게는 특히 그러하다. 그것은 신에게 헌납하는 행위의 수행을 통한 신과의 합일의 방식인 까르마 요가라고 알려져 있다.

까르마 요가를 따름에 있어서, 헌신자의 평생은 하나의 끝없는 의식이 된다. 모든 행위는 사람의 개인적인 이익이나 이득을 바라는 것이 아닌, 신에 대한 헌신의 제물로서 행해지기 때문이다. 말할 필요도 없이, 이런 정신으로 행해지는 행위들은 "올바른" 행위들임에 틀림없다.

우리 성장의 특정 순간과 단계에서 우리에게 나쁘게 보이는 행위를 우리가 신에게 드려서는 안 된다. 그리고 항상 우리의 능력을 최대한 발휘하기 위해 노력해야 한다. 감히 우리의 차선책을 내놓을 수는 없다.

자신의 일의 결실들을 신에게 바치는 것은 집착하지 않고 일하는 것이다. 최선을 다했다면, 우리는 일이 실망스러운 결과들을 보이거나, 심하게 비판 받거나 또는 완전히 묵살되더라도 절망해서는 안 된다.

같은 이유로, 일의 결실들이 성공적이고 대중의 찬사를 받는다면 우리는 자부심과 자만적인 허영심에 굽혀서는 안 된다. 최선을 다했다면 오직 우리만 그것을 알 수 있다. 그 지식은 단지 우리의 정당한 보상이다.

진정한 위대함과 개인적 성실함을 지닌 모든 남녀는 이 정신으로, 그들이 비록 공개적인 무신론자일지라도, 단지 그것이 그들의 의무이기 때문에 의무를 다한다. 하지만 만약 신에 대한 헌신이 부족하다면, 그들의 이상적 목표가 시간과 물질세계 안에 있다면, 그들의 대의명분이 겉으로 보기에 무산되고 필생의 사업이 무위로 끝난 것을 볼 때, 그들이 절망하지 않는 것은 거의 불가능할 것이다.

까르마 요가의 헌신자는 행위의 결실들을 향해 절대적인 집착하지 않음을 할 수 있기 때문에, 그는 결코 절망할 필요가 없는 유일한 사람이다. 그 집착하지 않음은 무관심이 아니라는 것을 전에 이야기했다. 계속 반복을 할 것이다. 그것은 운명론과는 상관이 없다.

운명론자가 꼭 자신의 일에서 소홀한 것은 아니다. 그가 열심히 노력하든 안 하든 무슨 상관인가? 일어나야만 하는 일은 어떻게든 일어날 것이다.

힌두 철학을 "운명론적"이라고 묵살하는 그런 비평가들이 많다. 그런 사람들은 그것 때문에 까르마 요가의 정신을 완벽하게 이해하지 못한다. 자신의 일의 결과들에 대한 운명론자의 태도는 집착하지 않음이 아니다. 그것은 허약함, 게으름, 비겁함에서 생겨난 무관심이다.

만약 운 좋게도 그가 일하지 않고도 약간의 성공을 거둔다면, 그의 운명론은 순식간에 사라질 것이다. 그는 자신의 행운에 대해 "운명"에게 고마워하지 않을 것이다. 그와는 반대로, 우리는 그가 자신의 목표를 위해 얼마나 일을 잘 했는지, 얼마나 당연히 그가 그것을 얻을 만했는지 온 세상에 떠벌리는 소리를 듣게 될 것이다.

2. 이것들은 집중의 힘을 길러주고 모든 고통들의 원인인 깨달음에의 장애물들을 제거한다.

3. 무지(아비디야), 자아(아스미따), 집착(라가), 혐오(드웨샤), 그리고 몸의 삶에의 집착(아비니웨샤)이 다섯 장애물(끌레샤)[26]들이다.

4. 무지는 모든 장애물들을 만든다. 그것들은 잠재적으로 있든지, 흔적으로 있든지(약하든지), 간헐적으로 나타나든지, 완전히 나타나든지 한다.

금욕, 공부, 자신의 일의 결실들을 신에게 바치는 것은 앞의 수뜨라에서 보았듯이, 완벽한 요가의 상태를 가능하게 해 주는 집중의 힘에 대한 세 가지 예비 단계이다.

이것이 그것들의 긍정적 가치이다. 그러나 그것들은 똑같이 중요한 부정적 가치도 지니고 있다. 그것들은 우리의 마음속에 존재하는 집중과 깨달음에 대한 장애물들을 제거하는 수단이다.

"장애물"이라는 단어는, 이 주제에 대한 힌두와 기독교의 사상을 구분하는 강조에서의 차이를 암시하기 때문에 생각해 볼 가치가 있다.

기독교인이 "죄"에 대해 이야기할 때, 일반적으로 그는 신에 대한 명백한 불복종과 배은망덕의 행위를 의미한다. 그리고 "신"이라는 말은 하느님 아버지, 즉 시간과 공간 안에서 부모의 측면으로 나타나는 실재를 의미한다.

힌두인들은 우주의 창조자를 이슈와라라 부른다. 제1장, 수뜨라 23 참조하라.

---

26 다섯 고통스러운 물결(Sivananda).

빠딴잘리가 "장애물"에 대해 말할 때에는 오히려 그런 행위에 따르는 부정적 영향 즉 그런 다음 생겨나서 우리 안에 있는 아뜨만의 빛을 가리는, 소용돌이치는 무지의 먼지 구름을 나타낸다.

다시 말해, 기독교적 생각은 다름 아닌 우리 자신과 다른 존재인 이슈와라에 대한 무례함을 강조하는 반면에, 힌두의 생각은 우리의 진정한 본성인 아뜨만에 대한 잘못을 강조한다.

그 차이는 핵심적이지 않지만 중요하다.

기독교적 접근의 가치는 그것이 죄의 중요성과 심각함에 대한 우리의 감각을, 우리가 사랑하고 순종할 모든 이유를 가진 존재인 우리의 창조자이자 아버지에게 결부시킴으로써 고조시킨다는 것이다.

힌두 접근의 가치는 우리 안에 있는 실재로부터의 그냥 소외인 그들의 궁극적인 측면에서의 죄의 결과들을 나타낸다는 것이다.

물론 두 가지 접근법 모두를 제대로 이해를 하지 않는다면 특유의 위험들을 가지고 있다.

힌두 접근법의 위험은 우리 모두가 다소 이슈와라라고 생각하는 거의 그런 방식으로 아뜨만을 생각하려는 우리의 심리적 무능함에 있다. 이슈와라에 대한 잘못에 회개를 느끼고 적어도 당분간은 그것을 반복하지 않기로 결심하는 것은 쉽다.

그러나 아뜨만을 깨닫는 것에 대한 장애물들을 만드는 잘못은 그렇게 바로 눈에 띄는 것이 아니다. 우리는 아뜨만과 우리의 자아를 동일시하는 혼돈에 끊임없이 빠지기 때문이다.

예를 들어, 우리는 상습적인 술주정뱅이나 마약중독자에 대해 친절하고 거의 호의를 보이며, "그는 어느 누구의 적도 아니라 그 자신의 적이었다."라고 말한다. 그러면서 이 말이 얼마나 비극적인 허튼소리인지를 깨닫지 못한다.

우리 존재의 바탕과 피난처로부터의 소외감이 거대한 비참함의 물결로 우리를 덮치는 것은 아주 가끔이다. "당신은 당신에게 너무나 가까이에 있는 저로부터 얼마나 멀리 있는가!"라며 위대한 성자는 탄식했다.

그러므로 힌두인들은 자신의 죄들을 너무 가볍게 받아들여 환생의 교리에 근거한 쉬운 낙천주의에 다시 빠지는 것을 조심해야 한다.

그는 "결국, 나는 실제로 아뜨만이고, 내 앞에는, 내가 원하는 만큼 많이, 수백만의 삶들이 있다. 나는 조만간 나의 본성을 알게 될 것이다. 급할 게 뭐가 있나?" 라고 생각하는 것을 조심해야 한다.

이것은 오거스틴이 고백에서 "가련한 젊은이인 저는 당신의 순결을 간청하며 말했습니다. '저에게 순결과 자제를 주시옵소서. 아직은 아니지만'"이라고 한 말에 의해 비난을 받는 태도이다.

기독교적 접근법의 위험은 정반대이다.

대개 이원론적인 기독교는, 이슈와라의 중요성을 강조하고 있다. 이슈와라가 투사되어 나온 기초가 되고, 내재하는 아뜨만의 실재를 최소화한다. 그런 이원론적 사고의 가치는 그것이 우리에게 신에 대한 헌신을 가르쳐준다는 것이다.

그것의 위험은 우리를 과장된 자기혐오와 무력한 절망으로 이끌 수도 있다는 것이다.

하느님 아버지는 경외심을 불러일으키고, 그리스도는 너무나 순수하고 선하다. 우리는 더럽고 절망적인 죄인들이다. 그래서 우리는 허약함과 그것들로부터 벗어날 수 없다는 감정에 우리 자신을 동일시하며, 최악의 이기주의 상태로 다시 빠져든다.

우리는 우리의 신성한 성품과 자기 지식을 위해 애쓰도록 우리에게 부과된 의무를 잊어버린 채 수동적인 죄책감의 진흙탕 속에 빠진다.

여기에서 빠딴잘리는 죄에 사로잡힌 기독교인을 도와줄 수 있다.

"장애물"이라는 그의 말은 즉시 긍정적 행동방침을 제시하는 선하고, 정확하고, 감상적이지 않은 말이다. 장애물들 아래 누워서 자신을 불쌍히 여기지 말라. 가서 그것들을 없애기 위해 일하라.

"죄"라는 단어의 사용은 또 다른 이유에서도 오해의 소지가 있다. 죄는 겨우 한 개념의 절반일 뿐이다. 그것은 형벌에 의해 완성되어야 한다. 상대적 세상에서는 많은 죄들이 처벌받지 않는 것처럼 보이기 때문에, 이것은 불행한 일이다. 이런 이유로 신도 어쩌면 속아 넘어갈지도 모르는 치명적인 실수 즉 사람이 때때로 "살인죄를 벗어날" 수도 있다는 것이 생긴다.

기독교 문헌은 정의롭지 못한 자들이 그린베이의 나무처럼 너무나 잘 자라고, 그것에 대해 아무것도 행해지는 것이 없다는 불평 때문에 시끄럽다.

그래서 사람들은 지진, 홍수, 기근은 집단적인 죄의 행위에 대한 신의 고의적 형벌이라는 미신적인 상상들에 의지한다. 신의 정의는 헤아릴 수 없고, 돌발적이고, 복불복인 것으로 나타내진다. 이것이야말로 완전히 부당한 것이다.

"장애물"이라는 단어의 사용은 한순간에 그런 오해를 없앤다. 그것은 자연이나 인간에 의해 가해진 형벌과 영적 형벌 사이의 어떤 가능한 혼동도 없앤다.

만약 당신이 살인을 저지른다면 반드시는 아니지만, 아마도 당신은 체포될 것이다. 만약 당신이 지진 단층 위에 도시를 짓거나, 댐이나 건축물을 방치한다면, 반드시는 아니지만, 당신은 아마 지진, 홍수나 기근을 겪을 것이다. 그것은 죄의 영적 결과들과는 아무런 상관이 없다.

죄는 오직 하나의 영적 결과만을 가지고 있다. 이것은 변함이 없고 피할 수도 없다. 그것은 규모에 따라 클 수도 있고 작을 수도 있는 깨달음에 대한 장애물을 만든다. 이 장애물은 그 자신의 자동적이며 그리고 독립적인 형벌이다. 즉 아뜨만으로부터의 소외, 자아와의 동일시, 그리고 그에 따른 고통이다.

이 형벌은 우리가 그것을 자초하는 순간에 우리에게 분명하지 않을 수도 있지만, 우리는 어떤 방법으로도 그것의 결과는 피할 수 없다.

당신은 빠딴잘리의 관점에서 "이것이 나의 깨달음에 대한 장애물들을 더하거나 줄여주는가?"라고 물어보면서 당신의 생각과 행위들을 판단한다면, 당신은 죄들은 분류되고, 등급 매겨지며, 목록화 될 수 있는 절대적으로 고정된 가치의 행위라고 생각하는 실수를 피할 수 있을 것이다.

죄들은 그렇지 않다. 바가바드 기따가 우리에게 가르치는 것처럼. 한 사람에게는 잘못된 것이 다른 사람에게는 옳은 것일 수도 있다.

우리들 각자는 의무, 책임, 현재의 영적 상태에 관련한 자신만의 죄와 자신만의 선들이 있다. 우리가 할 수 있는 것은 자신의 양심을 찾아내고, 어떤 특별한 경우에도 우리의 동기를 우리 삶의 큰 중심적 동기들과 연결시키려고 노력하는 것이 전부이다.

행동에 있어서 극히 어려운 문제들이 분명 발생할 것이다. 우리는 많은 실수들을 저지를 것이다. 그리고 우리가 할 수 있는 최고는 우리의 전체적 의도가 올바른 방향으로 가기를 바라는 것이다.

빠딴잘리는 우리에게 우리의 죄들을 게으른 관용과 헛된 혐오라는 두 가지 극단들을 피하는 어떤 과학적 초연으로 여기도록 가르친다.

외과 의사는 암을 용인하지 않는다. 그는 그것을 잘라낸다. 그러나 그는 공포심 때문에 그것으로부터 위축되지 않는다. 그는 그것을 공부한다. 그것이 어떻게 자랐는지, 그리고 어떻게 새로운 암의 종양이 예방될 수 있는지를 이해하려고 노력한다.

우리는 순수한 사악함이나 순전한 도덕적 어리석음으로 죄를 짓지 않는다. 우리의 죄들이 우리가 그것들을 반복하는 것을 멈추기를 바라기 전에, 이해해야 할 의미와 목적을 가지고 있다.

사실 그것들은 우리의 진정한 본성인 아뜨만으로부터 소외된 고통의 증상들이다. 그것들은 우리 자신을 본성과 다시 결합하려는 시도들이다. 그런 시도들은 이기심이라는 무지를 그 출발점으로 삼기 때문에 절망적으로 잘못된 방향이다. 그것들은 우리를 실재로부터 점점 더 멀어지도록 이끌 것이다.

우리 모두는 우리 안에 있는 아뜨만의 존재를 어렴풋이 의식하고 있다. 우리 모두는 평화와 자유, 그리고 아뜨만과의 완벽한 합일의 보장을 찾고 있다. 우리 모두는 행복하기를 간절히 바란다.

그러나 무지는 우리를 잘못 이끈다. 그것은 아뜨만이 실제로 우리 안에 있을 리 없고, 우리는 단지 개인이며, 분리된 자아들일 뿐이라고 장담한다.

그래서 우리는 유한하고 일시적인 외부 세상의 현상들 속에서 이 어렴풋이 품게 된 영원한 행복을 찾기 시작한다.

전설적인 사향노루처럼, 우리 자신에게서 정말로 뿜어져 나오는 그 잊을 수 없는 향기를 찾기 위해 우리는 온 지구를 찾아다닌다. 우리는 비틀거리고, 다치며, 끝없는 역경을 참아낸다. 하지만 결코 올바른 장소를 찾지 못한다.

수백만 명의 사람들을 노예로 만드는 폭군, 자기가 필요한 것보다 1,000배가 많은 돈을 쌓아 놓는 구두쇠, 가장 친한 친구를 파는 배신자, 살인자, 도둑, 거짓말쟁이, 그리고 중독자, 이들 모두는 결국은 그저 안전하고 행복하며 평화롭기를 원한다. 우리는 폭력이나 사기에 의한, 또는 상상속의 적들의 파괴에 의한 안전을 구하기 위하여 재산을

축적하고자 한다.

우리는 감각 만족을 통해, 모든 종류의 자만심과 자기기만을 통해 행복을 추구한다. 우리는 다양한 약물들의 중독을 통해 평화를 추구한다.

이 모든 활동들에서 우리는 엄청난 비율의 에너지를 펼친다. 그것은 죄의 비극이다. 그것은 비극적으로 잘못된 방향으로 인도된 에너지이다. 만약 무지에 현혹되지 않았다면, 우리는 적은 노력으로도 쉽게 아뜨만과 결합할 수 있었을 것이다.

빠딴잘리는 무지가 깨달음에 대한 모든 다른 장애물들을 만든다고 말한다. 다음 수뜨라들에 대한 주석에서 그것들에 대해 더 많이 이야기할 것이다. 그 장애물은 이미 언급되었던 제1장, 수뜨라 2의 삼스까라들 즉 강력한 경향성들이다.

이 경향성들은 우리를 계속해서 되풀이되는 죄의 행위나 장애물들을 만들도록 한다. 그래서 그 장애물들은 욕망, 자만심, 분노와 두려움의 힘을 통해 자동적으로 커진다. 바가바드 기따(2장 62~63)는 이 과정을 묘사한다.

감각 대상들에 생각이 머물게 하면

그것들에 대한 집착이 생긴다.

집착이 커지면, 탐욕이 생기고

탐욕이 좌절되면 화가 일어난다.

화를 내면, 마음이 혼란스러워질 것이다.

마음이 혼란스러워지면 경험의 가르침을 잊는다.

경험을 잊으면 당신은 분별력을 잃는다.

분별력을 잃으면, 당신은 삶의 목표를 잃는다.

장애물들은 실제로 가장 높은 사마디 즉 아뜨만과의 완전한 합일을 이루지 못한 모든 사람들의 마음속에 어느 정도 존재한다. 빠딴잘리는 다음처럼 무지의 네 가지 조건 혹은 정도들을 나열한다.

그 장애물들은 아주 어린 아이들의 경우, 이미 존재하는 경향성들이 나중의 삶에서 저절로 나타나는 것처럼, 잠재적일 수 있다.

이것은 집착하지 않음과 더불어 집중에 실패하고 그렇게 해서 자연의 힘에 합쳐진 요기들의 경우에서도 그러하다고 한다. 제1장 수뜨라 19를 보라. 그들이 결국에는 그래야 하기 때문에 인간의 삶으로 돌아올 때, 그들은 원래의 실패를 야기한 장애물들에 직면하게 될 것이다.

그 다음에는, 깨달음에 대한 장애물들을 자신의 마음에 단지 흔적의 형태로만 여전히 담고 있는 영적 수행자들이 있다. 그들의 삼스까라는 과거 까르마들의 추진력에 의해 계속 작동하지만, 이런 삼스까라의 힘은 크게 줄어들었다. 수행자가 그것들을 경계하고 있는 한, 그것들은 어떤 심각한 위험도 나타내지 않는다.

그 다음에는, 무지를 가리는 생각과 미덕의 함양으로 장애물들은 일시적으로 극복되었을지도 모른다. 만약 그런 생각과 미덕들을 함양하는 것을 꾸준히 한다면, 우리는 금방 설명했던, 흔적으로 남아있는 형태로 있던 장애물들을 서서히 감소시킬 것이다.

마지막으로, 장애물들은 충분히 전개된 형태로 나타날 수 있다. 이것이 보통의 세상의 사고방식을 가진 사람들의 일반적이고 비극적인 상황이다.

5. 유한한 것을 영원한 것으로, 순수하지 않은 것을 순수한 것으로, 고통스러운 것을 즐거운 것으로, 아뜨만이 아닌 것을 아뜨만으로 여기는 것이 무지다.

6. 자아는 의식(보는 자, 아뜨만)을 의식의 반사와 동일시하는 것이다.

빠딴잘리의 정의에 의하면, 무지는 잘못된 동일시이다. 그것은 사람의 진정한 본성에 대한 오해이다. 만약 "나는 이 몸이고, 나는 빠딴잘리라고 불린다."라고 말한다면, 당신은 아뜨만이 아닌 것을 아뜨만으로 여기는 것이다.

이 처음의 무지의 행위는 자동적으로 그리고 동시에 수백만 개의 비슷한 행위들로 이어진다. 우리는 우리 안에 있는 아뜨만을 부인함으로써, 우리는 어디에서나 그것을 부인한다. 우리는 본성을 오해한다. 우리는 사물들의 객관성을 강조하고, 우주를 통합unity이 아닌 다원성으로 본다.

순수하고, 영원한 기쁨과 평화는 오직 아뜨만과의 합일에서만 발견될 수 있다.

우리의 무지는 그 합일로부터 우리를 제외시키고, 행복에 대한 희미하고 혼란스러운 갈망만이 남게 한다. 그래서 우리는 외부의 세상에서 그것을 찾도록 내몰린다. 우리는 끔찍한 대체품들을 받아들인다. 그것들이 진짜이고 타당하다고 우리를 설득하도록 노력하기를 강요당한다.

영원 대신에, 우리는 비교적 오래가는 것처럼 보이는 것에 매달린다. 순수 대신에, 우리는 비교적 순수해 보이는 것을 중요시한다. 진정한 행복 대신에, 우리는 일시적으로 기분 좋아 보이는 것을 붙잡는다.

그러나 애석하게도 우리의 만족은 오래가지 않는다. 가장 강한 탑이 무너지고, 가장 아름다운 꽃이 우리의 손에서 시들며, 가장 깨끗한 물은 맛이 없어지고 악취가 나게 된다. 무지는 언제나 그렇듯이, 우리를 배신해왔다. 그러나 슬프게 돌아설 때, 우리의 눈은 감각 집착과 욕망의 새로운 대상으로 돌려진다. 그래서 희망이 없는 탐색은 계속된다.

무지의 가장 중요한 행위는 의식인 아뜨만을 "단지 의식을 반사하는 것"인 마음 및 몸과의 동일시이다. 빠딴잘리는 이것을 자의식egoism이라고 정의한다.

"마음은 누구의 명령에 따라 생각하는가?" 께나 우빠니샤드는 묻는다. "누가 몸에게 살라고 명하는가? 누가 혀에게 말하라고 명하는가? 눈을 형태와 색으로, 귀를 소리로 향하게 하는 그 눈부신 존재는 누구인가?

  아뜨만은 귀의 귀, 마음의 마음, 말의 말이다. 그는 또한 호흡의 호흡이요, 눈의 눈이다. 아뜨만을 감각들 및 마음과의 잘못된 동일시를 버리고, 아뜨만이 브람만임을 알면, 현명한 자는 불멸이 된다."

  서양 철학은 의식의 문제와 관련해서 두 개의 생각의 학파들 즉 유물론과 관념론을 만들어냈다.

  유물론자들은 의식이 과정의 부산물이라고 생각한다. 의식은 어떤 조건들이 충족될 때 생기며, 그 조건들이 존재하지 않으면 없어진다고 믿었다. 이런 이유로 유물론 철학자들에 따르면, 의식은 어떤 단일의 물질이 아니다.

  반면 관념론자들은 의식이 마음의 속성이라고 믿었다. 따라서 마음이 무의식적이 될 때면 그것은 존재하기를 멈춘다는 결론에 이르렀다.

  현대 과학자들은 이 두 가지 가설들을 모두 거부하고, 의식이 과학적 방식들에 의해 항상 감지될 수 없다 하더라도 그것의 존재는 우주의 모든 곳에 항상 존재한다고 믿는 경향이 있다.

  이것에서 그들은 베단따의 관점에 접근하고 있다. 그리고 정말로 그런 생각으로 힌두 철학에 대한 공부를 하게 된 아주 뛰어난 과학자와 과학 작가들이 있다. 예를 들어 에르빈 슈뢰딩거는 그의 책 생명이란 무엇인가?에서 다음과 같이 적고 있다.

  "의식은 결코 복수로 경험되지 않고, 오직 단수로만 경험된다... 어떻게 복수에 대한 생각(우빠니샤드 작가들에게 격렬한 반대를 받는)이 생겨나는가? 의식은 스스로가 물질의 제한된 영역 즉 몸의 물리적 상태와 밀접하게 연관되어 있고, 의존하고 있다는 것을 발견한다... 자, 비슷한 몸들은 아주 많이 있다. 이런 이유로 의식이나 마음들의 복수화는 아주 도발적인 가설들로 보인다. 어쩌면 대다수의 서양 철학자들뿐만 아니라 단순하고 순진한 모든 사람들은 그것을 받아들였을 것이다...

유일하게 가능한 대안은, 의식은 복수가 아니라 단수라는 즉각적 경험을 하는 것이다. 하나의 것만 존재한다. 복수처럼 보이는 것은 속임수(인도의 마야)에 의해 만들어진 것이다. 그것은 이 하나의 것의 단지 일련의 다양한 측면들이다. 거울 갤러리에서도 똑같은 환영들이 만들어진다. 똑같은 방식으로 가우리샹까라산과 에베레스트산이 다른 계곡들에서 보이는 같은 봉우리라는 것이 밝혀졌다.

"그러나 우리 각자는 자신의 경험과 기억의 총합이 다른 어떤 사람의 그것과도 뚜렷이 구별되는 하나의 단위를 만드는, 반론의 여지가 없는 인상을 가지고 있다. 그는 그것을 '나'라고 말한다. 이 '나'는 무엇인가?

"만약 그것을 자세히 분석한다면, 당신은 그것이 단지 하나의 데이터(경험과 기억들)의 집합, 즉 그것들이 모이는 캔버스 그 이상이라는 것을 알게 될 것이라고 나는 생각한다.

그리고 빈틈없는 자기 성찰로, 당신은 자신이 진정으로 의미하는 '나'는 그것들이 모이는 바탕 물질이라는 것을 알게 될 것이다.

당신은 멀리 떨어진 나라로 가서, 친구들을 보지 못하고, 그들을 거의 잊을 수도 있다. 당신은 새로운 친구들을 얻고, 예전 친구들과 그랬던 것만큼 강하게 그들과 삶을 공유한다. 새로운 삶을 사는 동안 당신이 여전히 예전의 삶을 기억한다는 사실은 점점 덜 중요해질 것이다.

'나였던 젊은이'라고 당신은 제3자에게 그에 대해 이야기할지도 모른다. 실제 당신이 읽고 있는 책의 주인공이 어쩌면 당신 가슴에 더 가까이 있고, 확실히 더 강렬하게 살아있으며, 당신에게 더 알려져 있을 수도 있다. 하지만 거기에는 중간 휴식도, 죽음도 없었다. 그리고 솜씨 좋은 최면술사가 당신의 이전 기억을 완전히 지우는 것을 성공한다 해도, 당신은 그가 당신을 죽이지는 않았다는 것을 발견할 것이다. 어떤 경우에도 애통해 할 만한 개인적 존재의 손실은 없다… 또한 앞으로도 그럴 것이다."

7. 집착은 쾌감(의 경험)에 거주하는 것이다.

8. 혐오는 고통(의 경험)에 거주하는 것이다.

둘 다 깨달음, 또는 심지어 사람이나 대상의 상대적 지식에 대한 장애물들이다. 당신은 자신이 맹목적으로 집착하거나 역겨운 혐오감을 가지고 생각하는 사람의 성격에 대해 공평하고 냉정한 통찰력을 가질 수 없다.

영적 수행자는 이 세상의 것들을 너무 많이 사랑해서는 안 된다. 그러나 그것들을 미워해서도 안 된다. 혐오 또한 속박의 형태이다.

우리는 우리가 증오하거나 두려워하는 것에 묶인다. 그것 때문에 그것을 조사하여 풀려고 하는 대신에, 계속해서 그것에 저항하거나 도망가려고 하는 한, 우리 삶에서 똑같은 문제, 똑같은 위험이나 곤경이 반복해서 다양한 측면들에서 나타나는 것이다.

9. (육체적) 삶에 대한 집착(아비니웨샤)은 현명한 사람들에게도 무지한 사람들에게도 있다. 이것은 지난 많은 환생들에서 죽음의 경험에 대한 인상들을 마음이 지니고 있기 때문이다.

물론 환생의 교리는 힌두와 불교에서는 일반적이다. 그리고 그것은 결국에는 거부되었지만 초기 기독교에 의해서도 받아들여졌다. 그것은 이 저서의 제1장, 수뜨라 2, 18, 19에서 이미 언급되었지만, 지금 더 자세히 논의할 것이다.

제1장, 수뜨라 17에서 쁘라끄리띠는 실재인 브람만의 영향 또는 힘이라고 정의되었다. 다른 말로 하자면, 대상적이며 시공간의 우주에 대한 이 환영, 산스끄리뜨로 마야는 실재에 의하여 투사되었다.

그러므로 쁘라끄리띠와 브람만은 분명 공존한다. 브람만처럼 쁘라끄리띠는 시작이 없었고, 끝도 없을 것이라는 말이 된다. 쁘라끄리띠는 계속해서 우주의 거미줄을 치고, 스스로 그 거미줄을 끌어당기며, 다시 거미줄을 치는 것을 영원히 반복할 것이다.

동시에, 우주 안에서는 또 다른 과정이 일어나고 있다. 왜냐하면 참나 깨달음을 향해 무생물에서 식물로, 식물에서 동물로, 동물에서 사람으로 수천, 심지어 수백만의 탄생, 죽음 그리고 재탄생을 통해, 천천히 위쪽을 향해 몸부림치는 것은 개별적 자아의 본성이 그러한 것이기 때문이다.

아뜨만은 사람 안에 있는 것처럼, 돌 안에도 있다. 그러나 돌은 그것이 돌로 남아있는 한 자신이 아뜨만임을 절대 알 수 없다. 그것은 마침내 인간에 이를 때까지 더 높은 형태로 진화해야만 한다.

이것은 인간의 마음 및 몸 안에서만 개별적 자아는 자신의 진정한 본성을 알고 그로 인해 환생의 주기로부터 해방될 수 있기 때문이다.

완전한 의식을 향한 이 엄청난 여정을 거치면서, 개인은 까르마의 법칙에 영향을 받는다. 그의 욕망과 행위들은 그의 진행 속도를 규제한다. 그는 깨달음에 대한 스스로의 장애물들을 만들거나 제거한다.

그의 현재 상태는 과거의 까르마들과 계속적으로 결실을 맺는 미래 까르마들에 의하여 영향을 받는다. 죽음은 이 과정을 방해하지 않는다. 재탄생도 그러하다. 개인은 단지 몸, 마음, 성격, 그리고 사회적 배경, 말하자면 그 특별한 순간의 자신의 까르마 균형의 총합을 가지고 다시 태어난다.

환생의 교리는 많은 사람들에게 있어 받아들이기가 상당히 어렵다. 그것은 우리 각자가 현재 상태에 대해 직접적으로 책임이 있다고 만들기 때문이다. 우리는 모두 이 책임에 대면하기를 싫어한다.

어떤 사람들은 우리를 지금의 우리로 만든 것에 대해 신이나 부모, 또는 기존의 정치 시스템을 비난하기를 더 좋아한다. 만약 우리가 환생을 부인하고 이 탄생이 우리의 첫 탄생이라고 주장한다면, 실제 우리는 우리의 상태에 대한 책임을 부인하고 있는 것이다.

논리적으로 보면 이 상태는 신에 의해 주어졌거나 유전과 환경의 영향으로 생겨난 것이 틀림없다는 결론이 나오기 때문이다.

따라서 만약 우리가 육체적으로 또는 경제적으로 혜택을 받지 못하고 태어났다면, 우리는 운명에 빠져서 그것을 저주하는데 평생을 쓰도록 허용해 주는 영구적인 불만과 우리 자신의 나약함과 실패에 대한 영구적인 변명거리를 제공받는 것이다.

이 환생의 교리는 처음에는 암울하고 무정해 보이지만, 실제로는 우주의 정의와 질서에 대한 아주 낙천적인 신념을 시사한다.

우리의 현재의 곤경을 만든 것이 만약 우리라면, 신이나 부모 또는 우리의 동료가 아니라 우리라면, 그것을 바꿀 수 있는 것도 우리이다. 우리는 자기 연민에 대한 변명도 절망에 대한 이유도 없다.

우리는 속수무책으로 불행한 결말을 맞지 않는다. 우리는 출생 전의 저주의 기이한 영향을 받지 않는다. "브루투스여, 우리 별들에는 잘못이 없어..." 우리에게 필요한 것은 투쟁을 포기하지 않을 용기와 결심뿐이다.

때때로 까르마의 법칙의 작용들은 우리에게 아주 명백하다. 적어도, 돌이켜 생각해 보면. 우리의 삶을 되돌아보면, 우리 성격의 특정 성향이 다른 환경에서 어떻게 계속 똑같은 상황을 만들어냈는지를 우리는 알 수 있다.

이것은 분명 까르마 또한 겉보기에는 우연히 지배당하는 그런 경험의 영역들에서 작동된다는 것을 우리가 의심하게 만든다. 그리고 실제 과학은 삶의 엉킴 속에서 계속해서 새로운 인과 관계의 실을 찾고 있다.

예를 들어 심리학자들은 지금 우리에게 많은 "사고들"이 전혀 사고가 아니며, 단지 팔이나 다리가 부러지는 대가를 치르고라도 어떤 불쾌한 문제를 피하고 싶은 잠재적 욕망의 주장들이라고 말한다.

마찬가지로, 몸의 질병의 진짜 증상들은, 이전에 생각했던 것처럼 "세균을 집어 드는" 것과 같은 단순한 불운이 아니라 정서적 긴장의 직접적 결과로 보일 수 있다.

위의 수뜨라에서, 빠딴잘리는 환생에 대한 그의 신념을 단정적으로 말할 뿐만 아니라, 암시를 통해 그것의 증거를 제시하고 있다. 우리가 이전에 죽음을 결코 경험해 보지 않았다면 어떻게 우리는 그것을 그렇게 많이 두려워할 수 있겠는가?

다 큰 오리가 한 마리도 없는 농장에서, 한 암탉이 부화시킬 오리 알을 받는다. 껍질이 깨지자마자, 새끼 오리들은 물로 향하고 수영하기 시작한다. 누가 그들에게 이렇게 하라고 가르쳤는가? 분명 엄마 닭은 아니다. 그들이 물속에 있는 것을 보고, 닭은 그들이 모두 물에 빠질 것이라 생각하고 마구 꼬꼬댁거린다. 우리는 새끼 오리들이 "본능적으로" 수영하는 법을 안다고 말한다. 우리도 또한 본능적으로 죽음을 두려워한다.

자 그럼, 본능은 무엇인가? 현재 미국 사전에 따르면, 그것은 "특정한 생물체에 공통된, 선천적 행동과 반응의 패턴"이다.

요가 철학자들에 의하면, 그것은 "수반된involved 이유"이다. 즉, 잠재적이 된 경험이다. 양쪽 정의들은 경험의 기억 즉 종들을 통해 유전으로 전해지거나 일련의 탄생들을 통해 개인에 의해 전달되는 기억을 가정하는 것에 동의한다.

물론 유전론자는 환생을 부인할 것이다. 요가 철학자는 그의 까르마에 의해 강제로 오리의 모습으로 태어나는 개인은 그로 인해 수영 지식을 포함한 오리의 속성들을 "물려받았음"에 틀림없다고 말하면서, 그것을 유전과 조화시킬 것이다.

따라서 "본능"이라는 단어는 죽음에 대한 인간의 두려움에 대한 설명에서 어느 쪽으로든 우리에게 많은 도움이 되지 않는다.

이 환생의 "증거" 즉 빠딴잘리가 다른 사람들에게 나중에 제기할 증거가 또 다른 이유에서 만족스럽지 못하다고 반대될 수도 있다. 죽음에 대한 우리의 두려움은 왜 기억된 경험에 의존하는가?

우리에게 죽음에 대한 이전의 경험이 없었다고 생각해 보자. 이것이 더 두렵게 만들지 않는가? 완전히 모르는 것보다 더 두려운 것이 어디에 있는가? "아, 그러나 죽어서 어디로 가는지 우리는 알지 못한다...!"라고 셰익스피어의 클라우디오는 외친다.

하지만 이것이 대답의 전부는 아니다. 죽음 경험의 기억을 통한 빠딴잘리의 환생의 증거는 어쩌면 결국에는 타당하다고 보일 수도 있다. 브리하다란야까 우빠니샤드의 이 구절을 생각해보라.

"사람에게는 두 가지 상태들이 있다 이 세상에서의 상태와 다음 세상에서의 상태이다. 그리고 또한 세 번째 상태인 이 둘 사이의 중간의 상태가 있다. 그것은 꿈에 비유될 수 있다. 중간 상태에 있는 동안, 사람은 이 세상과 다음 세상이라는 두 가지 상태들 모두를 경험한다. 그 방법은 다음과 같다.

사람이 죽으면 그는 자신의 과거 행위의 인상들이 남겨져 있는 미세한 몸으로만 산다. 그가 자각하는 이런 인상들은 아뜨만의 빛에 의해 밝혀진다. 아뜨만의 순수한 빛은 그에게 빛을 제공한다. 이렇게 해서 중간 상태에서 그는 처음의 상태, 즉 세상에서의 삶의 상태를 경험한다는 것이다.

다시 말해, 중간 상태에 있는 동안, 그는 앞으로 다가올 악과 축복들 둘 다를 미리 본다. 이것들은 지구에서 그의 선하고 악한 행동에 의해, 그리고 이 행동이 낳는 것 즉 특징에 의해 결정되기 때문이다. 이렇게 중간 상태에서 그는 두 번째 상태, 즉 다가올 세상에서의 삶의 상태를 경험한다는 것이다."

"중간 상태"는 이 정의에 따르면, 그가 지금 이 지구나 다른 곳에서 다음번 태어날 때 불가피하게 초래해야 할 결과들과 함께, 개인이 자신을 잘 살펴보고, 자신의 과거 행위들을 재검토하도록 강요되는 일종의 의식이 또렷한^{lucid} 사후의 휴식 시간이다.

그가 아직은 멀리 있는 깨끗하고 끊임없는 아뜨만의 빛으로, 그는 스스로 만들었던 것을 본다. 물론 우리 대다수에게 이 경험은 비통하게 굴욕적이고 고통스러운 일이다. 그런 순간에 우리는 몸을 입은 삶에서 상상조차 하지 못했던 수치, 공포, 강렬한 회한을 분명 느낄 것이다.

그러므로 만약 우리가 죽음과 재탄생 사이에 있는 이 중간 상태의 경험을 포함하여 "죽음 경험"이라는 용어를 사용한다면, 왜 그것의 잠재적 기억이 본능적인 두려움 즉 미지의 것에 대한 두려움보다 훨씬 더 큰 두려움으로 우리를 채우는지 이해하는 것은 아주 쉽다.

오직 깨달음을 얻은 성자만이 죽음의 공포로부터 완전히 자유로울 수 있다. 그에게는 이 중간 상태가 더 이상 예상되지 않기 때문이다. 여기 지구에서 그는 이미 감각들의 삶을 "버렸다^{died}." 그리고 사람이 영성 안에서 성장함에 따라, 그의 죽음의 공포는 서서히 줄어들 것이다. 이것은 빠딴잘리의 환생의 증거를 뒷받침해주는 것처럼 보인다.

어떤 경우에도, 그것의 기원이 무엇이든, 죽음을 미루고 삶에 매달리려는 욕망은 분명 깨달음에 대한 가장 큰 장애물들 중의 하나이다.

삶에 매달리는 것은 일반적인 감각 의식에 매달리는 것이다. 그것에 의하여 아뜨만을 알려주는 안에 있는 초의식을 피한다.

10. 이 모든 장애물들이 흔적의 형태로 있을 때는, 그것들을 제1의 원인(쁘라끄리띠)으로 돌려 용해시킴으로써 파괴될 수 있다.

11. 그것들이 완전히 활동하고 있을 때는 명상으로써 파괴될 수 있다.

이 두 수뜨라를 역순으로 생각해 보는 것이 더 쉬울 수도 있다. 왜냐하면 깨달음에 대한 장애물들은 우선 완전히 전개된 형태 즉 거친 형태에서 극복되어야 하기 때문이다. 제2장, 수뜨라 4 참조하라.

이것이 행해지는 방식은 더러운 천 조각을 씻는 것에 비유될 수 있다. 먼저 더러움은 비누로 풀어지고, 그런 다음에는 깨끗한 물로 씻긴다.

"비누"는 이 장의 첫 수뜨라에 대한 주석에서 논의한 "요가를 향한 예비 단계들"의 수행인 고행^{austerity}, 공부, 자신의 일의 결실들을 신에게 바치는 것을 나타낸다.

"물"은 명상의 수행을 나타낸다. 마음의 "천"을 제대로 세탁하려면, "비누"와 "물"은 둘 다 꼭 필요하다. 그 하나는 다른 것이 없다면 효과적으로 사용될 수 없다.

완전히 발달된 형태의 장애물들이 극복되었을 때, 그것들은 경향성들 즉 삼스까라들로서 여전히 흔적으로 존재할 것이다. 이 경향성들은 마음이 그것의 원인 즉 쁘라끄리띠 안으로 다시 돌아갈 때 파괴된다.

이것은 물론 사마디로 들어가는 과정이다. 제1장, 수뜨라 41-51 참조하라.

12. 잠재적 경향성(까르마의 저장고)들은 과거의 생각과 행위들로 만들어졌다. 이 경향성들은 현생이나 내생에서 결실들을 맺을 것이다.

13. (끌레샤, 즉 장애물들의) 원인(뿌리)이 존재하는 한, 탄생의 유형(인간, 동물 등), 길고 짧은 수명 그리고 기쁘거나 고통스러운 삶의 경험들로 열매를 맺을 것이다.

14. 기쁨이나 고통이라는 경험들은 선행과 악행의 열매들이다.

15. 영적 분별력이 있는 사람은 모든 경험들이 고통이라는 것을 안다. 즉 현재의 즐거움조차도 그것을 잃을까 봐 이미 두려워한다. 과거의 즐거움은 마음에 인상들을 남겨 새로운 인상들을 일어나게 하여 고통스럽다. 행복은 우리의 기분(마음)에 따라 좌우된다. 이 기분들은 마음을 통제하고 있으면서 서로 우위를 점하려고 늘 다투고 있는 이런 저런 구나들에 의해 좌우된다. 이러한데 어떻게 행복이 오래갈 수 있겠는가?

까르마 법칙은 제1장 수뜨라 2, 18, 19에서 그리고 자연과 구나의 기능들은 제1장 수뜨라 17에서 이미 충분히 설명했다.

빠딴잘리는 여기에서 우리의 어떤 생각과 행위들을 했고 그리고 이것의 결과들이 분명하지 않기 때문에 아무런 결과들을 가지지 못했으며 또 앞으로도 그럴 것이라고 상상하는 것에 대하여 우리에게 경고한다. 우리의 행위들은 잠재적 경향성들을 만들었다. 그것들은 적절한 때에 결실을 맺을 것이다. 아마도 미래의 삶들의 기간과 환경에 영향을 미칠 것이다.

가치 있는 행위들은 "즐거운" 것이라고 설명될 수 있는 결과들을 만들어낼 것이다. 그러나 "즐거움"과 "괴로움"은 단지 상대적 용어들이다. "좋다"와 "나쁘다", "뜨겁다"와 "차갑다", "행복하다"와 "불행하다"와 같이, 그것들은 "반대되는 한 쌍의 것들" 중의 하나이다.

그것들은, 바가바드 기따 용어로 이야기한다면, 겉으로 보기에 서로 반대되는 것들로 된 우리의 외부 세계이다.

영적 분별력이 있는 사람의 관점에서 본다면, 모든 경험은 고통스럽다. 경험이 우리를 이 세상에 묶고 그리고 우리의 감각 열망들을 다시 새롭게 한다면 그럴 것이다.

유일한 참된 행복이란 아뜨만과의 합일에 있다. 다른 모든 "행복"은 상대적이고, 일시적이다. 그렇기에 거짓이다.

16. 올 (까르마의) 고통은 피할 수 있다.

세 종류의 까르마가 있다.

이미 만들어져서 저장되어 언젠가 미래의 삶에서 결실을 맺을 까르마,

현재 순간에 결실을 맺고 있는 과거 또는 이전의 삶에서 만들어진 까르마,

그리고 우리의 생각과 행위들에 의해 우리가 지금 만들고 있는 까르마이다.

이것들 중 이미 존재하는 까르마들은 우리의 통제 너머에 있다. 우

리는 그것들이 스스로 잘 해결될work through 때까지 오직 기다리고 그리고 용기와 인내로 그 결실들을 받아들일 수만 있다.

하지만 우리는 지금 만들고 있는 까르마, 즉 "아직 오지 않은 고통"은 피할 수 있다.

행위하기를 멈춤으로서가 아니다. 그것이 바람직하긴 하더라도, 그렇게 한다는 것을 불가능할 것이다, 행위의 결실들을 바라기를 멈춤으로써 가능하다. 만약 우리가 행위의 결실들을 신에게 바친다면, 우리는 서서히 까르마의 바퀴를 풀고 그로 인해 까르마의 고통을 피하게 될 것이다.

17. 고통의 원인은 경험하는 자(아뜨만)와 경험의 대상(쁘라끄리띠)과의 동일시이다. 이것은 피할 수 있다.

"경험하는 자"는 우리의 진정한 본성인 아뜨만이다.

"경험의 대상"은 마음과 감각들을 포함하여, 보이는 세상 전체이다.

실제로는 아뜨만 만이, "두 번째가 없는 하나"가 영원히 자유로운 채 존재한다.

그러나 우리의 현재 곤경의 미스터리인 마야를 통한 잘못된 동일시에 의해, 아뜨만은 개인적 자아로 오해된다. 그 자아는 마음을 괴롭히는 모든 생각의 물결들에 의해 영향을 받는다. 그것 때문에 우리는 우리가 "불행하다" 또는 "행복하다", "화가 난다" 또는 "욕정에 차 있다"라고 생각한다.

바가바드 기따는 이것이 실제 그렇지 않다는 것을 우리에게 상기시켜 준다(5장, 8-9).

깨달은 영혼은 보고, 듣고, 만지고, 냄새 맡고,

먹고, 자고, 숨 쉬고, 말하고, 배설하고, 쥐고,

눈을 뜨거나, 감는 행위를 하지만

그는 언제나 이것을 안다.

"나는 보고 있지 않다. 나는 듣고 있지 않다.

나는 아무것도 하지 않고 있다.

감각의 대상들을 보고 듣고 만지는 것은 감각들이다."

경험자가 경험의 대상과 잘못 동일시되는 한, 우리는 우리의 진정한 본성 즉 아뜨만을 알 수 없다. 우리는 우리 스스로가 경험의 노예들이라고 믿으면서, 속박된 채로 있다.

스와미 비베까난다는 이렇게 적는다. "신들의 왕 인드라가 진흙탕에서 뒹구는 돼지가 된 이야기가 있다. 그는 아내가 있었고, 새끼들도 많았으며, 아주 행복했다. 그때 몇몇 신들이 그의 곤경을 보고, 그에게 와서 말했다.

'당신은 신들의 왕입니다. 당신은 모든 신들을 자신의 명령 아래 두고 있습니다. 왜 여기에 계십니까?' 그러나 인드라는 말했다.

'걱정 말라. 나는 여기에서 괜찮다. 나는 이 암퇘지와 어린 새끼돼지들과 있는 동안에는 하늘에 대해서는 신경 쓰지 않는다.'

불쌍한 신들은 어찌할 바를 몰랐다. 얼마의 시간이 지난 후, 그들은 모든 돼지들을 하나씩 죽이기로 결정했다. 모두가 죽었을 때, 인드라가 눈물을 흘리며 애통해하기 시작했다.

그러자 신들은 그의 돼지의 몸을 찢어 열었고, 그가 밖으로 나와 자신이 너무나도 흉측한 꿈을 꾼 것을 알고는 웃기 시작했다.

신들의 왕인 그는 돼지가 되어, 돼지의 삶이 유일한 삶이라고 생각했는가? 그랬을 뿐만 아니라 전 우주가 돼지의 삶이 되기를 바랐던 것이다!

아뜨만은 스스로를 자연과 동일시할 때, 그것이 순수하고 무한하다는 것을 잊어버린다.

아뜨만은 사랑하지 않는다. 아뜨만은 사랑 그 자체이다. 그것은 존재하지 않는다. 아뜨만은 존재 그 자체이다. 아뜨만은 알지 않는다. 아뜨만은 지식 그 자체이다.

아뜨만이 사랑하고, 존재한다거나, 안다고 말하는 것은 실수이다. 사랑, 존재, 지식은 아뜨만의 특성이 아니라 아뜨만의 본질이다. 그것들이 어떤 것에 반사될 때, 당신은 그것들을 그 어떤 것의 특성들이라고 부를 것이다. 그것들은 무한한 존재인 아뜨만의 특성들이 아니라 본질이다. 아뜨만은 탄생과 죽음이 없이, 그것 자신의 영광으로 자리잡고 있다.

그것은 너무 퇴화된 것처럼 보여서, 만약 그것에게 '당신은 돼지가 아니다'라고 말하기 위해 접근한다면, 꽤액 소리를 지르며 물기 시작할 것이다.

이 돼지가 아닌 돼지는 때로 아주 위험한 동물이 될 수 있다. 우리의 성품 안에 있는 따마스의 힘은 너무나도 커서 우리는 방해받는 것을 싫어한다. 우리는 어떤 새로운 생각, 특히 그것이 우리가 삶들에서 어떤 변화를 만들어야 한다는 것을 함축하고 있다면, 우리는 그 새로운 생각을 혐오한다.

그래서 영적 스승들이 우리는 돼지가 아니라 신이라고 이야기를 해주러 온다면, 우리는 그들을 핍박하고 십자가에 매다는 경향이 있다.

18. 경험의 대상(세상)은 세 구나들 즉 삿뜨와(밝음, 붓디 안에 있는 빛), 라자스(모든 활동과 노력), 따마스(무력)로 되어있다. 이것들로부터 마음, 감각과 물리적 원소들로 되어 있는 온 우주가 진화되었다. 이 우주는 경험자가 그것을 경험하고 그리고 해방될 수 있도록 하기 위해 있다.[27]

이 수뜨라의 마지막 문장은 이 책 전체에서 가장 중요한 문장들 중 하나이다. 그것은 진흙탕에서 뒹굴면서 머물기 원하는 그런 돼지 인간들에 대한 빠딴잘리의 대답이다.

---

27 굴레와 해방은 붓디 안에 있다. 아뜨만은 그냥 목격자이다. 오직 쁘라끄리띠가 묶이고 해방된다(Edwin, F. Bryant).

모든 감각 경험은 결국에는 고통스럽다는 말을 들으면, 돼지 인간들은 경멸하며 화를 낸다. 그들은 그런 철학이 비겁하고 정신이 부족함을 안다. 사람들은 즐거움을 두려워해서는 안 된다고 그들은 외친다. 사람은 결과가 어떻든 날아가는 순간을 붙잡고 그것을 즐겨야 한다.

그들은 만족스러운 듯이 "영광스러운 삶의 한 시간은 이름 없는 한 시대만큼의 가치가 있다"라고 말하는 그들의 시인들의 말을 인용한다. 많은 훌륭한 시인들은 돼지의 시를 쓰고 있다. 빠딴잘리는 소심하고 늙은, 흥을 깨는 할머니로 여긴다.

이 비난에 대해, 빠딴잘리는 답한다. "정말 두려워하고 있는 것은 당신이다. 경험으로부터 움츠리고 있는 것은 당신이다. 당신은 자신의 즐거움들에 대해서는 아주 많이 말하지만, 그러나 진정한 즐거움에 대해서는 아무 것도 모른다. 당신은 그것의 내용을 이해하려고 하지 않는다.

감각 경험의 우주는 위대한 책이다. 분별력을 가지고 그것을 끝까지 읽는 사람은 오직 아뜨만이 있다는 것을 마침내 알 것이다.

읽는 이가 그것으로부터 어떤 것을 배우고 다음에게 전달해준다면 어떤 경험도 헛되지 않으며, 그 책의 어떤 페이지도 불필요하지 않다. 그러나 당신은 결코 배우지 않는다. 당신은 절대 전달하지 않는다. 반쯤 잠들어있어서 한 단어도 기억하지 못하는 책을 읽는 사람처럼, 당신은 똑같은 의미 없는 경험을 반복하면서 같은 페이지를 계속해서 읽는다."

이런 인도 격언이 있다. "벌은 꿀을 빨기 위해 오지만 그의 발은 그 안에 갇힌다."

우리의 삶들을 의미에 대한 끊임없는 탐색, 실재와 실재가 아닌 것 간의 식별의 연습이라고 생각할 때에만, 우리는 벌의 운명을 피할 수 있다.

그런 정신에서, 우리는 즐겁고 고통스러운 모든 종류의 경험을 환영해야 한다. 그것은 우리에게 절대 해를 끼치지 않을 것이다.

왜냐하면 진리는 모든 곳, 모든 경험, 그리고 우주의 모든 대상 안에 숨겨져 있기 때문이다. 하루 중 우리에게 일어나는 모든 것은 아무리 사소해 보이더라도, 우리를 더 넓은 영적 지식 그리고 마침내 해방으로 나아가게 할 수 있는 어떤 작은 실마리를 제공한다.

19. 구나들은 네 단계들 즉 (눈으로 볼 수 있는) 거친(위세샤), 미세한(아위세샤), 가장 미세한(링가), 그리고 진화하지 않은(아링가) 것으로 있다.

여기에서 빠딴잘리는 첫 장의 수뜨라 17에서 이미 설명한 것을 요약한다. 우주가 그것의 잠재적 형태로만 존재할 때, 구나들은 완벽한 평형 상태에 있다. 그것의 상태는 진화되지 않았다거나 "징후가 없다" 라고 묘사된다.

우주가 진화하기 시작하고 구나 균형이 흐트러지면, 우리는 마하뜨 즉 우주적 자아ego sense의 출현을 발견한다. 이 상태는 제1의primal 또는 "나타내진다indicated"고 묘사된다.

진화의 다음 단계에서, 구나들이 마음과, 물질의 내적 본질을 이루는 결합들을 시작할 때, 그 상태는 미세하거나 "윤곽이 뚜렷하지 않은/정의되지 않은undefined"으로 묘사된다.

그리고 마지막으로, 우주가 그것의 외면적, 물리적 현현에 이르렀을 때, 구나의 상태는 거칠거나 "윤곽이 뚜렷한"으로 묘사된다. 이 전문 용어를 영어로 옮기는 것의 어려움 때문에, 각각의 경우에 대안의 번역이 제시되었다.

20. 경험자인 아뜨만은 순수한 의식이다(그냥 본다). 그러나 그것은 마음의 변화하는 색깔들(쁘라끄리띠)로 물드는 것처럼 보인다.

21. 경험의 대상(쁘라끄리띠)은 전적으로 아뜨만에 봉사하기 위해 있다.

22. 해방에 이른 사람에게는 경험의 대상은 비실재가 되지만(이전처럼 나타나기를 그치지만), 다른 사람들에게는 실재인 것으로 있다.

23. 경험자인 아뜨만과 경험의 대상인 쁘라끄리띠는 보통은 동일시되는데, 그 이유는 이 둘 즉 아뜨만과 쁘라끄리띠를 알도록 하기 위해서이다.

24. 이 동일시는 무지다.

25. 무지가 사라질 때, 동일시 또한 사라진다. 그러면 경험자는 독립적이고 자유로워진다.

이 수뜨라들은 처음에는 역설적 생각을 표현하는 것처럼 보인다. 빠딴잘리는 양쪽의 진정한 내용이 알려질 수 있도록 하기 위해, 경험하는 자가 경험의 대상과 동일시된다고 말하고, 이 동일시가 무지에 의해 일어난다고 덧붙인다.

우리는 어리둥절하다. 왜냐하면 빠딴잘리는 이 무지를 받아들이고 심지어 어느 정도는 승인하는 것처럼 보이기 때문이다. 확실히 무지는 바람직하지 않은 것이 아닌가?

우리가 아뜨만으로부터 분리되지 않았다면, 우리의 진정한 성품을 자각하기를 멈추지 않았다면, 훨씬 더 나았을 것인가?

그것은 오히려 죄수가, 만약 자신이 죄를 짓지 않았다면, 전혀 감옥에 갈 필요가 없었을 것이라는 사실을 고려하지도 않고 "이 감옥은 결국엔 내가 여기에서 빠져나가도록 하기 위해 존재하는 것이다."라며 만족스러운 듯이 말하는 것과도 같다.

그럼에도 우리가 느끼는 이 당황스러움은 단지 이 같은 무지의 또 다른 부산물이다.

마야에 뿌리를 내렸기에, 우리는 마야를 이해한다거나, 우리의 다소 상대적이고 윤리적 기준들로 그것의 속박의 "정의" 또는 "부당함"을 판단하기를 바랄 수 없다. 우리가 확실히 아는 모든 것은 이것이다.

해방을 발견했던 위대한 성자들은 비통함과 후회로 그들의 투쟁을 되돌아보지 않았다는 것이다. 그들은 심지어 마야를 공포로 여기지 않았다. 오히려 그들은 마야를 매혹적이고 재미있는 놀이로 보았다. 그들은 자유를 향한 긴 싸움에 기뻐했다.

스와미 비베까난다는 그의 삶의 마지막에 가까워져서 이렇게 쓸 수 있었다.

"나는 태어나서 기쁘고, 그렇게 고통을 받아서 기쁘고, 큰 실수들을 해서 기쁘고, 평화로 들어가서 기쁘다." 아뜨만-쁘라끄리띠 관계의 겉으로 보이는 역설에 직면해서, 우리는 의심과 혼동에 의해 자연스럽게 고통을 받는다.

그러나 추론하고 철학적으로 말하는 데 우리의 시간을 허비하는 대신에, 우리는 여정의 끝에 이르러, 말하자면 그들을 따라오라고 우리에게 손짓하며 서 있는 그런 엄청난 인물들에게 우리의 눈을 고정시키는 것이 더 나을 것이다. 그들의 대성공은 아직 이해할 수 없는 어떤 방법이지만, 우리는 어쨌든 모든 것이 최선을 위한 것이라는 우리의 확신이다.

26. 무지는 환영의 흔적이 없어질 때까지 아뜨만의 지식을 일깨움으로 파괴된다.

27. 경험자는 최고로 높은 곳을 향한 일곱 단계들을 거쳐 이 지식(혜)을 얻는다.[28]

아뜨만에 대한 완벽한 지식을 얻게 되는 일곱 단계들은 다음과 같다고 말해진다.

첫째. 모든 영적 지혜의 근원이 우리 안에 있다는 깨달음이다. 즉 천국의 왕국이 우리 안에 있다는 깨달음이다.

스와미 비베까난다는 말했다.

"여기저기에서, 사원들에서, 교회들에서, 지구들에서, 하늘들에서 긴 탐색 후에, 출발했던 곳으로부터의 순환을 완성하고 마침내 당신은 당신 자신의 영혼으로 돌아와, 당신이 세상 여기저기에서 찾아다니고 있던 그, 교회들과 사원들에서 울면서 그를 위해 기도하고 있던 그, 구름 속에 가려진 모든 신비들 중의 신비로 찾고 있었던 그는 가까운 것들 중에서도 가장 가까이에 있다. 그는 당신 자신의 참나, 당신의 생명 LIFE, 몸, 영혼의 실재인 것을 알게 된다."

이것은 감동적인 말들이다. 우리의 가슴은 이것들에 즉각적으로 반응할 수 있다. 그러나 그들의 진리에 대한 확고한 깨달음은 그렇게 쉽게 성취되지 않는다. 그것을 지적인 가설로 받아들이는 것으로는 충분하지 않다. 종교적인 정서나 일시적인 통찰의 순간들에 그것을 얼핏

---

28 빠딴잘리는 이 일곱 가지를 청중들이 이미 알고 있을 것 같아서 자세히 설명하지는 않은 것 같다(Edwin F. Bryant).

보는 것으로는 충분하지 않다.

우리 안에 있는 아뜨만의 존재를 계속해서 자각할 때까지 우리는 이 첫 번째 단계에 이르렀다고 말할 수 없다. 이것을 자각하게 되면, 그것을 막기 위해 어떤 외적 장애물들도 생겨나지 않기 때문에, 우리는 또한 아무런 의심이 없이 아뜨만과의 합일이 가능하다는 것을 안다.

둘째. 고통의 중단이다. 우리가 보았듯이 고통은 외적 우주의 현상들에 대한 집착이나 혐오에 의해 야기된다. 마음이 아뜨만의 지식을 향해 안으로 돌려질 때, 이 집착과 혐오는 그 힘을 잃는다.

우리는 이미 바가바드 기따의 어구를 인용했다. "요가는 고통과의 접촉을 끊는 것이다."

셋째. 완전한 깨달음, 아뜨만과 합일인 사마디이다. 객관적 우주는 사라진다. 아뜨만은 전적인 존재, 의식, 기쁨으로서 경험된다.

이 경험으로 모든 개별적 분리와 차이의 감각은 잃는다. 샹까라의 분별력의 보석에서 사마디에 이른 제자가 이렇게 외친다.

"나의 마음은 우박처럼 브람만의 넓은 바다 속으로 떨어졌다. 그것을 한방울 만지고, 나는 녹아서 브람만과 하나가 되었다. 이제 인간의 의식으로 돌아오더라도, 나는 아뜨만의 기쁨 안에 거한다. 이 우주는 어디에 있는가? 누가 그것을 제거했는가? 그것은 다른 어떤 것으로 합쳐졌는가? 조금 전에 나는 그것을 믿었다. 지금 그것은 더 이상 존재하지 않는다. 이것은 정말 경이롭다! 여기에 끝없는 기쁨으로 가득 찬 브람만의 바다가 있다.

어떻게 내가 어떤 것을 받아들이거나 거절할 수 있는가? 브람만과
동떨어지거나 구별되는 어떤 것이 있는가? 이제, 마지막으로 그리고
확실히, 나는 내가 영원한 기쁨인 아뜨만임을 안다. 나는 나와는 별개
인 어떤 것도 보지 않고, 어떤 것도 듣지 않으며, 어떤 것도 알지 못한
다."

넷째. 사람이 사마디에서 나오면, 그는 객관적 우주 의식으로 되돌
아간다. 그러나 이 의식은 우리 모두가 경험하는 그런 종류와는 다르
다.

사마디를 이룬 사람에게, 외부 세계는 단지 겉모습일 뿐이라고 알
려져 있다. 샹까라의 표현으로 "그것은 있고 그리고 없다." 깨달은 사
람은 더 이상 외부 세상을 아뜨만과 동일시하지 않는다.

그는 외부 세상이 단지 아뜨만의 반사라는 것을 안다. 아니, 사실
그것은 실재에 의해 투사되기 때문에, 완전히 비실재인 것은 아니다.
그러나 거울 속의 이미지처럼, 실체를 지닌 것은 아니다. 독립적인 존
재가 아니다.

이 단계에서, 그는 더 이상 세상의 어떤 의무나 책무에 의해서도 얽
매이지 않는다.

바가바드 기따가 적듯이 "그의 행위는 그에게서 떨어진다."

이것은 물론 사마디를 이룬 사람은 그때부터 전혀 아무것도 하지
않을 것이라는 것을 의미하지는 않는다. 그와 반대로, 대부분의 위대

한 성자들은 특히 다른 사람들을 가르치는 데 있어서 아주 활동적이었다.

슈리 라마크리슈나는 말했다. "그들은 스스로 바다를 건넜을 뿐 아니라 많은 승객들을 다른 쪽 해안까지 옮겨주는 큰 증기선과도 같다." 그러나 깨달은 성자들의 행위들은 어떤 집착이나 이기적인 욕망에 의해 말미암은 것이 아니기 때문에 평범한 사람들의 행위들과는 다르다. 그 행동은 가장 자의적인 의미에서의 자발적 행위들이다.

나머지 우리들의 행위는 단지 부분적으로 자발적이다. 그것은 항상 우리의 과거 까르마들과 현재의 감각적인 삶에 얽혀 다소 강요당하고 있다.

이런 이유로, 성자의 행동은 종종 우리가 이해하기엔 너무 어렵다. 그것은 정확히 우리에게 친숙한 강요들의 지배를 받지 않기 때문에 이상하고, 독단적이거나 변덕스럽게 보일 것이다.

한 번은 위대한 스승이 복음서에 기록된 겉으로 보기에 가장 이상한 행위들 중의 하나인 그리스도의 열매를 맺지 않는 무화과나무의 저주를 설명해보라는 요구를 받았다. 그는 웃으며 대답했다. "그리스도가 되어보라. 그러면 왜 그가 그렇게 말했는지 알게 될 것이다."

다섯째. 마음과 객관적 세계 둘 모두가, 경험하는 자에 대한 그들의 봉사를 끝냈다는 깨달음이 이제 온다. 마음은 도구였다. 세상은 경험하는 자가 아뜨만, 즉 자신의 진정한 본성을 알게 해주는 경험의 대상이었다.

우리가 사다리를 "초월하기" 위하여 사다리를 이용하듯이, 마음은 마음을 초월하기 위하여 사용되었다. 일단 사다리가 기대어 서 있는 창틀에 도달하여 안으로 들어갔으면, 그 사다리는 치워질 것이다. 우리는 더 이상 그것을 필요로 하지 않는다.

여섯째. 이제 마음속에 쌓인 인상과 구나들은, 고전 주석가들 중의 한 사람의 말을 인용하면 "산 정상에서 떨어져 다시는 돌아가지 못하는 바위처럼" 영원히 떨어질 것이다.

일곱째. 마지막 단계에 이른다. 그는 아뜨만과 결합으로 영원한 존재의 상태에 이른다. 이제 더 이상 사마디로부터 부분적 감각 의식으로 돌아가는 것은 없다. 마음과의 동일시는 더 이상 없다.

비베까난다는 다음과 같이 말하였다. "우리는 온 우주에서 내내 혼자였다. 몸 및 마음과 연결된 적이 없었다. 그것들과 전혀 관계가 없었다." 이 말을 우리는 깨닫는다. 몸과 마음은 그것들의 방식대로 일하고 있었다. 우리는 무지로 인해 자신을 그것들과 연결시켰다. 우리는 늘 혼자였고, 전능하며, 편재하며 늘 축복을 받고 있다.

우리 자신의 아뜨만은 너무나 순수하고 완벽하다. 우리는 다른 어떤 것도 필요하지 않았다. 온 우주에서 우리의 지식 앞에 눈부시게 되지 않을 것은 있을 수 없다. 이것이 마지막 상태가 될 것이다.

요기는 더 이상 고통을 느끼지 않는다. 다시는 현혹되지 않는다. 더이상 불행에 영향을 결코 받지 않는다. 그는 평화롭고 고요해진다. 그는 자신이 언제나 축복 받고 있으며, 언제나 완벽하며, 전능하다는 것을 알게 될 것이다.

28. 영적 수행들로 불순물들이 제거되자마자, 자신의 영적 비전(통찰력)이 빛을 주는 아뜨만의 지식에 열린다.

빠딴잘리는 이제 요가의 "가지들" 즉 불순한 마음을 깨끗이 하기 위해 우리가 지켜야 하는 다양한 규칙과 수행들에 대해 상세한 묘사를 시작한다. 이 불순함 즉 아뜨만의 지식에 대한 장애물들을 제거하는 것이 영적 수련들의 유일한 목적이다.

왜냐하면 지식 그 자체는 찾을 필요가 없기 때문이다. 그것은 이미 우리 안에 있다. 외부 세계에서 책과 경험들로 획득해야만 하는 일상적인 지식과는 달리. 장애물들이 제거되었을 때, 언제나 존재하는 아뜨만이 즉시 드러난다.

29. 요가의 여덟 영역들은 다음과 같다. 사악한 행위의 자제들(야마), 여러 준수들(니야마), 자세(아사나), 쁘라나의 통제(쁘라나야마), 감각의 철회(쁘라띠야하라), 집중(다라나), 명상(디야나) 그리고 아뜨만 안으로의 몰입(하나됨, 사마디)이다.

30. 야마들은 다른 존재들을 해치지 않기(아힘사), 거짓말하지 않기(사띠야), 훔치지 않기(아스떼야), 자제하기|chastity(브람마짜리야), 욕심내지 않기(아빠리그라

하)이다.[29]

우리는 다른 존재에 대하여 우리의 생각, 말, 또는 행동들로 해나 고통을 야기하지 않도록 살아야 한다. 긍정적 의미에서, 이것은 우리 가 모두에 대한 사랑을 기르고 모든 사람 안에 있는 아뜨만을 보려고 노력해야 한다는 것을 의미한다.

우리는 자신을 인류의 하인들로 생각해야 하고, 우리 자신을 우리 를 필요로 하는 다른 사람들에게 우리를 맞출 수 있어야 한다. 그러나 그것은 우리가 다른 사람들이 범죄들을 저지르도록 도우면서 그들의 악한 목적에 우리를 빌려줘야 한다는 뜻은 아니다. 왜냐하면 그런 목 적은 야마의 이상들에 반하는 것이기 때문이다.

진정으로 도움이 되는 사람은 자신을 이용하고자 하는 모든 사람들 이 이용할 수는 있다. 그럼에도 불구하고 목적지까지 정해진 노선을 따라 운행하는 대중 전차와 같은 사람이다.

우리의 말과 생각들은 항상 사실과 일치하고 또 진실해야 한다. 슈 리 라마크리슈나는 진정한 영성은 "가슴과 입을 같게 만드는 것"에 있 다고 말하곤 했다.

하지만 우리는 비록 그것이 사실일지라도 잔인한 말로 다른 사람들 을 아프게 하지 않도록 조심해야 한다. 그런 경우들에는 조용히 있어

---

29 자신에서 가장 바깥에 있는 것. 그리고 다른 존재들과의 관계에 대한 것(Edwin F. Bryant).

야 한다.

단순히 도둑질을 삼가는 것으로는 충분하지 않다. 우리는 사람이나 대상들을 향한 어떤 탐욕의 감정도 품지 않아야 한다. 이 세상의 어떤 것도 실제로 우리에게 속한 것은 없다는 것을 기억해야 한다. 기껏해야 우리는 단지 빌려 쓰는 사람들이다.

그러므로 꼭 필요한 것만 세상으로부터 빌려 쓸 뿐이다. 그것을 충분히 그리고 제대로 이용하는 것이 우리의 의무이다. 필요 이상으로 취해서 그것을 낭비하는 것은 나머지 인류로부터의 절도 행위이다.

절제는 말, 생각, 행동의 순결이다. 섹스에 대한 생각에서 자유로워지는 것은 가슴의 순결을 이루는 것이다. 섹스는 집착과 분리할 수 없다. 집착은 영적 지식에 대한 방해물이다.

탐욕을 삼가는 것은 또한 선물들을 받는 것을 삼가는 것으로 해석될 수도 있다. 스와미 비베까난다는 말한다. "선물들을 받는 사람의 마음은 주는 사람의 마음에 의하여 행동을 해야 한다. 그래서 받는 사람은 타락하기가 쉽다. 선물을 받는 것은 마음의 독립성을 파괴하기 쉽다. 그래서 선물은 우리를 노예처럼 만들 수 있다."

이것은 많은 사람들에게 "심한 말"인 것처럼 보일 수도 있다. 하지만 우리는 빠딴잘리가 열렬한 요기의 엄격한 수련들을 묘사하고 있다는 점을 기억해야 한다. 일상 세계에서, 대부분의 선물들은 그것이 진짜 애정의 징표라면 비교적 해가 없는 것으로 생각될 수 있다.

그럼에도 불구하고, 그렇지 않은 몇몇 경우가 있다. 특히 그것들이

"사업상의 선물"처럼 소득세 전문가들이 설명하는 다소 해로운 범주에 속할 때 특히 그러하다. 우리는 다른 사람들의 관용과 호의를 너무나 쉽게 받아들이는 것을 조심해야 한다.

31. 이 야마들은 행위의 기본 규칙들이다. 그것들은 시간, 장소, 상황, 지위들에 예외 없이 행해져야 한다.

빠딴잘리는 어떤 변명이나 예외도 인정하지 않는다. 예를 들어, 그가 우리에게 다른 사람들에게 해를 끼치는 것을 삼가라고 말할 때, 그는 정확히 자기가 말한 그대로를 의미하는 것이다.

그는 "나는 분명히 살인을 삼갈 것이다. 물론 전시에 전쟁터에 정당한 이유로 싸우고 있을 때를 제외하고는 말이다. 어쨌든 그것은 군대의 일원으로서의 나의 의무이다."라고 단언하는 사람을 그는 용납하지 않았다.

32. 니야마(준수)들은 청결(사우짜), 만족(산또샤), 고행(따빠스), (신성한 경전들의) 공부(스와디야야)와 신에게 헌신(이슈와라 쁘라니다나)이다.

순수는 신체적, 정신적 깨끗함이다. 만약 사람이 자신을 아뜨만이 거하는 장소로 생각한다면, 그는 자연스럽게 자신의 몸과 마음이 깨끗하게 유지되어야 한다고 느낄 것이다.

외적 깨끗함은 주로 그것이 우리에게 미치는 심리적 영향력 때문에 중요하다. 단순한 씻는 행위는 몸뿐만 아니라 마음의 오염물을 제거하는 것을 암시한다. 깨끗이 씻고 난 후 우리는 자신도 모르게 "아, 이제 기분이 더 좋다!"고 말하는 경향이 있다.

몸의 내부 장기들은 적절한 식이요법을 따름으로써 정화되고 강화되어야 한다. 마찬가지로 마음을 정화하고 강화하기 위해서는 마음의 "식이요법"을 따라야 한다.

우리는 독서, 대화, 그리고 실제 모든 마음의 "음식"의 섭취를 규제해야 한다. 우리는 영적인 마음을 가진 사람들과 교제해야 한다. 물론 이것은 그들이 "세상적"이거나 "악하다"는 것을 근거로 삼아, 특정 사람과 주제들에 대한 완전한 금기를 포함하지는 않는다.

그런 부정적 청교도주의는 독선적 자만과 금지된 것에 대한 은밀한 욕망으로 나아가게 할 뿐이다. 언제나처럼 정말 중요한 것은 우리 자신의 태도이다.

만약 우리가 분별력 연습에서 긴장을 풀지 않는다면, 모든 사람이 맞닥뜨리는 것, 우리가 읽거나 듣는 모든 것이 우리에게 가르쳐 주는 것이 있음을 알게 될 것이다.

그러나 이 분별력 있는 자각은 유지하기가 아주 어렵다. 그래서 초보자는 조심해야 한다. 위험한 소문, "가벼운" 오락, 곧 폐간하는 잡지, 대중 소설, 라디오 로맨스 등이 이것이다. 그것들은 우리를, 처음에는 중립적이지만 곧 불안감으로 채색되는 느긋한 몽상, 중독과 혐오들에 빠지게 해서, 마음은 어둡고 불순해진다.

마음의 깨끗함은 끊임없는 경계에 의해서만 유지될 수 있다. "일단 마음의 균형이 깨어지면, 가슴은 더 이상 그것 자신의 주인이 아니다." 라고 성 프란시스 드 세일즈는 말했다.

어느 힌두교 스승은 우리에게 말한다. "항상 모든 사람들에게 신에 대하여 이야기하라." 이것은 미묘하고도 심오한 충고이다. 신에 대하여 이야기하는 것은 단지 공공연히 하는 "종교적인" 주제들에 대한 논의만을 의미하는 것은 아니다. 겉으로 보기에는 "세상적"으로 보일지라도 거의 모든 주제는 영적 실재와 관련되어 있는 것으로 생각될 수 있다.

우리가 무엇에 대해 말하고 있는가 보다는 그것에 관해 어떻게 말하고 있는가가 중요하다. "신", "영", "기도" 등과 같은 그런 단어들을 꼭 사용할 필요는 없다.

이 단어들은 동조하지 않는 듣는 사람들에게 소외감을 느끼게 하고 그리고 우리가 신성함의 토대에서 우리 자신을 그들로부터 떼어내고 있다고 그들이 느끼도록 만든다.

아무리 혼란스럽더라도 모든 인간은 삶에서 의미를 찾고 있다. 그 또는 그녀의 상태를 말해주는 어휘를 찾을 수만 있다면 그 의미에 대해 논의하는 것을 환영할 것이라는 사실을 기억하는 것이 좋을 것이다.

만약 우리가 이 관점에서 대화에 접근하고 다른 사람들의 의견에 대한 관용, 솔직함, 진실함과 진지한 관심을 가지고 그것을 처리한다면, 우리는 일상의 사건, 과학, 예술, 정치 또는 스포츠에 관한 겉으로 보기에 일상적인 대화로부터 얼마나 많은 무언의 영적 교환이 이루어질 수 있는지 우리는 알게 되어 놀랄 것이다.

다른 준수들에 관해 말하자면 이미 제2장의 첫 번째 수뜨라에 대한 논평에서 "고행"과 "공부"의 중요성에 대해 생각해 보았다.

만족은 시기심과 불안함에 고통을 받지 않고 자신의 삶의 운명에 대해 만족해하는 수용을 의미한다. 종교적 스승들은 종종 부당한 현재 상황의 수동적 수용을 설교한다는 비난을 받지만, 빠딴잘리는 우리에게 다른 사람들의 운명에 만족하라고 말하고 있지는 않다는 것을 언급할 필요가 있다.

그런 "만족"은 단순히 냉담한 무관심일 것이다. 우리는 굶주리고 있는 거지를 만족하지 못한다고 책망할 아무런 권리가 없다. 오히려, 공동체의 구성원으로서, 우리는 운이 덜 좋은 이웃들이 더 낫고 더 공평한 생활 조건들을 가질 수 있도록 도와줄 긍정적 의무가 있다.

그러나 만약 그들이 개인적 이익과 이득이라는 동기들로 고무되지 않는다면, 이 방향에서의 우리의 노력들은 훨씬 더 효과적일 것이다.

33. (야마와 니야마의 덕들에 반하는) **생각들로부터 자유로워지기 위해서는 반대되는 생각들을 길러야 한다.**

이것은 마음속에 있는 생각의 물결들의 교란을 극복하기 위해서는 대립되는 생각의 물결들을 일으키는 기술이다. 그것은 제1장의 첫 다섯 개의 수뜨라들과 관련해 이미 논의되었다.

34. 폭력, 거짓 등과 같은 부정적인 생각들은 자신이 직접 하거나 간접적으로 하거나 승인될 수 있다. 그것들은 탐욕, 분노 혹은 미혹에 기원이 있으며, 약하거나 중간이거나 강할 수 있다. 그것들은 고통과 무지를 낳기를 결코 그치지 않는다. 이것을 기억하고는 반대되는 생각들을 길러야 한다.

우리가 행하고, 말하고 생각하는, 또는 심지어 간접적으로 초래하거나 수동적으로 승인하는 모든 것은 불가피하게 좋거나, 나쁘거나, 또는 혼합된 결과들을 만들어낼 것이다. 이 결과들은 어느 정도 우리들에게 반응을 일으킬 것이다.

다른 사람들을 향한 우리의 가장 비밀스러운 나쁜 바람들, 다른 사람들에게 행해지는 우리의 멀리 떨어진 곳에서라도 하는 악의 승인은 우리를 아프게 하고, 우리 자신의 무지와 고통을 증가시킴으로써 끝날 수 있다.

이것은 자연의 절대적인 법칙이다. 항상 그것을 기억할 수 있으려면, 우리는 우리의 혀와 생각들을 통제하는 법을 배워야 한다.

35. 해치지 않기에 확고하게 뿌리를 내릴 때, 모든 존재들이 그가 있는 곳에서는 적대감을 느끼는 것을 그칠 것이다.[30]

---

30 야마와 니야마들을 행함으로 오는 결과들을 하나씩 기술하고 있다.

우리는 "무해한"이라는 단어를 다소 비판적 의미에서 사용하는 것에 익숙하다. 그것은 "무능한"이라는 말과 거의 동의어이다.

그러나 성자의 완벽한 무해함은 전혀 무능하지 않다. 그것은 엄청난 힘을 가진 긍정적인 심리적 힘이다. 사람이 그의 생각들, 그리고 다른 사람들을 대하는 것들에서 진실로 그리고 완전히 폭력을 그만뒀을 때, 폭력과 적개감은 그의 주위에서는 존재하기를 멈춰야만 하는 그런 분위기를 그의 주위에 조성하기 시작한다. 왜냐하면 그들은 아무런 보복을 찾지 않기 때문이다.

동물들 역시 그런 분위기에 예민하다. 야생 동물들은 일시적으로 채찍에 겁을 먹을 수도 있지만, 진심 어린 무해함의 힘에 의해서만 무해하게 될 수 있다는 것을 훌륭한 조련사들은 모두 알고 있다. 치명적인 뱀을 다루는 것에 익숙했던 한 여인은 이렇게 설명했다. "보시다시피, 그들은 내가 자신들을 해치지 않을 것을 안다."

"아힘사 즉 무해함의 테스트는 질투 없음이다. 세상의 위대한 사람이라 일컬어지는 사람들은 대수롭지 않은 이름, 약간의 명성, 아주 소량의 금 때문에 서로에게 질투를 하는 것을 볼 수 있다. 이런 질투가 가슴에 존재하는 한, 그것은 완벽한 아힘사와는 아주 거리가 멀다."고 스와미 비베까난다는 말한다.

36. 거짓말하지 않기에 확고히 자리 잡을 때 그는 행위를 하지 않고도 좋은 행위의 결실들을 자신이나 다른 사람들이 가지게 할 수 있는 힘을 얻는다.

평범한 사람은 그의 말이 그가 말하고 있는 것을 행할 때 진실하다고 말해진다. 그러나 완벽하게 진실해지면, 그는 말하자면 진리에 대한 통제권을 얻는다.

그는 더 이상 사실들에 "복종할" 필요가 없다. 사실들이 그에게 복종한다. 그는 거짓말을 생각하거나 꿈에서조차도 거짓을 꾸지 않는다. 그가 말하는 모든 것은 사실이 된다. 만약 그가 누군가를 축복하면, 그 사람은 그 축복을 받을 자격이 있든 없든 축복을 받는다.

다른 말로 하면, 그는 까르마의 법칙에 영향을 받지 않는 방식으로 "선행의 결실들"을 줄 수 있는 힘을 가진다. 그는 또한 아픈 사람에게 단순히 괜찮다고 말함으로써 기적적인 치유를 행할 수도 있다.

37. 훔치지 않기에 확고하게 자리를 잡을 때, 모든 부가 그에게 온다.

이 수뜨라는 두 가지 방법들로 설명될 수 있다. 먼저 탐욕의 느낌에서 자유로워질 때, 그는 더 이상 어떤 것의 결핍도 경험하지 않는다. 그러므로 그는 지구에서 가장 부유한 사람과 같은 상황에 놓인다.

둘째로, 물질적 이득들에 대한 욕망의 결여는 실제로 여러 경우에서 물질의 이득들을 끌어들이는 것처럼 보인다.

비베까난다의 표현대로, "당신이 자연에서 달아날수록 자연은 당신을 더 따른다. 자연을 전혀 신경 쓰지 않는다면 자연은 당신의 노예가 된다."

38. 성적 에너지를 절제하는 사람에게, 영적 에너지가 온다.

성적 행위 그리고 섹스에 대한 생각과 환상은 우리 생명력의 많은 부분을 소진시킨다. 그 힘이 절제를 통해 보존될 때, 그것은 영적 에너지로 승화된다.

그런 에너지는 영적 스승에게 필수적이다. 그 힘을 통해 그는 제자들에게 자신의 이해를 전달한다. 왜냐하면 진정한 종교는 역사나 수학처럼 "가르쳐지지" 않고 빛이나 열처럼 전해지기 때문이다.

39. 욕심내지 않기에 확고히 자리를 잡으면[31], 그는 자신의 과거, 현재 그리고 미래의 지식을 얻는다.

집착, 그리고 집착을 수반하는 불안은 지식에 대한 장애물들이다. 벼랑의 벽에 필사적으로 매달려 있으면, 즉 삶에 매달리면 당신은 자신이 올라가기 위해 출발한 곳이나, 올라가서 도착하려고 향하고 있는 곳을 조사할 수 있는 형편이 안 된다.

그래서 빠딴잘리는, 집착으로부터의 자유가 과거와 미래 존재들을 통한 인간 여정의 전 과정에 대한 지식이 결과할 것이라고 우리에게 말한다. 그런 지식은 물론 그 자체로 환생 이론의 증거이다.

---

31   세상을 움켜쥐지 않고 세상을 흘러가는 데로 두는(Dennis Hill).

40. 청결의 결과로 자신의 몸에 대한 거리감이 일어나며 다른 이들과의 신체적 접촉의 초연이 일어난다.

41. 더구나 가슴의 정화, 마음의 쾌활함, 일점 지향의 능력, 열정들의 통제 및 아뜨만을 보기에 적합해진다.

빠딴잘리는 이제 다양한 준수들 즉 니야마의 수행으로 얻어지는 결과들을 묘사한다. 물리적 몸은 우리 의식의 가장 거칠고 외적인 현현이다. 마음이 정화되면, 그는 자연스럽게 자신의 몸과의 동일시의 감각을 잃는다.

그러므로 그는 몸을 새롭지도 않고 깨끗하지도 않은 단지 겉옷이라고 생각하면서 그것에 대한 무관심을 키운다. 뿐만 아니라, 더 이상 그런 몸들을 그 몸에 거하는 의식과 동일시하지 않기 때문에 다른 사람들의 몸을 바라는 것을 멈춘다.

만약 우리가 다른 사람들 안에 있는 아뜨만을 정말로 알고 사랑한다면, 성적 행위는 우리에게 완전히 무의미하게 보일 것이다. 아뜨만이 어디에나 있고 항상 통합이라는 것을 안다면, 왜 두 개의 바깥 덮개들이 포옹해야 하는가?

마음의 순수는 그 자체가 사람의 기분을 보여준다. 그는 깨달음과 평화로운 행복의 구나인 삿뜨와에 의해 점차 지배된다.

비베까난다는 말한다. "당신이 종교적이 된다는 첫 번째 징후는 기분이 좋아진다는 것이다. 요기에게, 모든 것은 희열이다. 그가 보는 모든 인간의 얼굴은 그를 기분 좋게 해 준다. 불행은 다른 원인에 의해서가 아니라 죄에 의해 야기된다. 우울한 얼굴로 무슨 일을 하겠는가? 만약 우울한 얼굴이라면 그 날은 나가지 말고 방 안에 머물러라. 무슨 권리로 이 병을 세상에 내놓는가?"

42. 만족으로 큰 행복을 얻는다.

우리가 진정으로 행복했던 그런 경우의 상황들을 분석할 필요가 충분히 있다. 왜냐하면 존 메이스필드가 말하였다. "우리를 행복하게 만드는 날들은 우리를 현명하게 만든다." 그것들을 재검토할 때, 그것들이 공통적으로 하나의 특성을 가지고 있다는 것을 우리는 거의 확실히 알 것이다.

이런저런 이유로 우리는 일시적으로 불안감을 느끼지 않았던 때들이 있었다. 우리가 좀처럼 그러지 않는 것처럼, 과거를 후회하지 않고 미래에 대해 걱정하지 않으면서, 지금 현재 순간의 깊은 곳에서 살았을 때이다. 이것이 빠딴잘리가 의미하는 만족이다.

물론 한 욕망의 충족으로부터 오는 행복도 있다. 이것은 아주 생생할 수 있다. 그러나 그것은 그것의 성질상 비교적 짧은 기간으로 제한된다.

하나의 욕망의 충족은 곧바로 또 다른 욕망을 낳기 때문에, 행복의 순간은 더한 불안감으로 끝난다. 그리고 심지어 그 만족감 그 자체는, 말하자면 그 뒤에 항상 존재하는 그림자를 가지고 있다.

성적인 사랑에 관해 쓴 마르셀 프루스트는 이렇게 말한다, 그것에는 "항구적인 고통이 들어 있다. 성적 행복이 그 경향성을 무력화시킬 수도 있지만, 우리가 찾고 있던 것을 얻지 못하면 그것은 순전한 괴로움으로 언제든지 바뀔 수 있는 고뇌"를 포함한다.

이 불쾌한 진실은 돌이켜보면 아주 분명해진다. 기억들을 회상해보면, 충족의 순간들이 희미해지고 혼란스러워졌음을 발견하게 될 것이다.

논리적으로, 만족이 왜 행복을 초래해야 하는지에 대한 아무런 이유는 없다. 만약 그것을 전혀 경험해보지 않았다면, 그것은 단순히 건조한 중립적인 분위기를, 기쁨도 슬픔도 없는 그런 분위기를 자아낼 것이라고 우리가 생각하는 것은 무리가 아닐지도 모른다.

이것이 그렇지 않다는 사실은 강력한 행복 즉 아뜨만의 즐거움이 언제나 우리 안에 있다는 뚜렷한 증거이다. 그것은 우리가 아뜨만 주위에 만들었던 욕망과 두려움의 장벽들을 무너뜨림으로 어느 때라도 방출되어질 수 있다. 그렇지 않다면 어떻게 우리는 분명한 이유도 없이 그렇게 행복할 수 있는가?

43. 고행으로 불순물들이 사라진다. 그때 몸과 감각 기관들에 특별한 힘들이 온다.

자기 수련의 수행은 우리의 감각 지각들과 심지어 우리의 신체적 물질을 정제하여, 투시력, 텔레파시, 공중부양 등과 같은 잠재적인 초감각적 지각의 힘들을 자각하게 된다.

44. (신성한 경전들의) 공부로, 자신이 숭배하기로 선택한 신을 볼 수 있다(연결된다).

이미 제2장, 수뜨라 1에서 언급했듯이, 빠딴잘리는 "공부"라는 말은 경전들을 읽는 것뿐만 아니라 자빠의 수행, 즉 당신의 스승이 입문 때 당신에게 준(제1장, 수뜨라 27-29) 만뜨람 즉 신의 선택된 측면의 신성한 이름을 반복하는 것도 의미한다. 빠딴잘리가 여기에서 특별히 언급하고 있는 것은 자빠의 수행에 관해서이다.

45. 신에게 헌신(복종)으로 사마디가 온다[32].

이것과 앞의 수뜨라 둘 다 박띠 요가라 불리는 것을 언급하고 있다. 우리는 이 요가들 즉 신과의 합일로 가는 길들을 이미 언급했다. 이제 선명히 하기 위해서, 가장 중요한 네 가지를 정의하는 것이 좋을 것이다.

---

32 야마와 니야마들의 준수로 얻어지는 은총은 쁘라끄리띠의 영역에 있는 것이지만, 이것만이 요가의 절대적 목표에 이르게 한다((Edwin F. Bryant).

박띠 요가는 신에 대한 애정 어린 헌신의 길이다. 그것은 의식으로의 숭배, 기도 그리고 자빰에 의해 표현된다. 그것은 숭배하는 사람과 숭배를 받는 신 사이의 직접적이고, 강렬하며, 개인적인 관계의 함양이다.

박띠 요가의 수행으로, 신의 어떤 특별한 측면 또는 신성한 화신이 선택된다. 그러면 헌신자의 사랑은 더 쉽게 집중될 것이다. 자연스럽게 이 접근법에 끌리는 사람들에게, 그것은 아마도 모든 것들 중에서 가장 쉬울 것이다.

세상의 모든 주요 종교들에서, 대다수의 믿는 사람들이 근본적으로 박띠 요기라는 것은 의심의 여지가 없다.

까르마 요가는 사심이 없이, 신에 헌신하는 행위의 길이다. 신에게 자신의 일의 결실들을 바침으로써, 올바른 결말들을 향해 올바른 방법들로 항상 일함으로써, 즉 어떤 특정 때라도 자신의 최고의 지식과 능력을 발휘함으로, 그 사람은 서서히 지혜와 집착하지 않음을 이룰 수 있다.

행위는 행위를 통해 초월된다. 집착의 끈들은 사라진다. 까르마의 바퀴는 회전하기를 멈춘다. 마음에 평화가 온다. 그리고 브람만이 알려진다.

까르마 요가는 인간사의 세상에서 의무와 봉사에 대한 부름을 느끼는 활발한 기질들에 아주 잘 맞는 길이다. 그것은 그런 사람들이 지나친 열성과 심한 불안의 위험들을 지나가게 하고 그리고 혼란 속에서 고요함, "행위 안에 있는 무위^{inaction}를 찾는 법"을 그들에게 보여준다.

바가바드 기따에 있는 아르주나에 대한 슈리 크리슈나의 충고는 까르마 요가의 수행과 크게 관련이 있다.

갸나 요가는 현상의 진정한 성품의 분석을 통해 브람만을 찾는 방법 즉 지적 분별력의 길이다. 갸나 요기는 '이것이 아니다, 이것이 아니다'라고 말하면서, 일시적이고 겉보기에 피상적인 모든 것을 거부하고, 마침내 제거의 과정을 통해 브람만에 이른다.

이것은 엄청난 의지력과 마음의 명료함을 필요로 하는 어려운 길이다. 이것은 평범한 사람들을 위한 길이 아니다. 그러나 이것은 달리 어떤 형태의 종교도 받아들이지 않았던 비범한 많은 남녀들에게 매력을 느끼게 하여 그들을 성자들로 만들었다.

라자 요가는 종종 명상의 요가라 불린다. 어떤 의미에서 그것은 여러 요가들을 결합하고 있기 때문에 그것은 다른 요가들처럼 정의하기란 쉽지 않다. 왜냐하면 명상은 신에게 헌신하는 행위(예를 들자면 의식적 숭배), 분별력과 신의 선택된 측면에 대한 집중을 포함할 수도 있기 때문이다.

라자 요가는 또한 영적 에너지를 담고 있는 도구로서의 몸의 공부와도 관계가 있다. 예를 들어 그것은 이미 언급한 제1장, 수뜨라 36에 있는 "가슴의 연꽃" 같은 다양한 초감각적 지각의 중심들의 내용과 기능을 묘사한다.

라자 요가는 공식적이고^{formal} 과학적인 명상의 중요성을 강조하기 때문에, 그것은 주로 금욕적이거나 적어도 대부분.사색적인 삶을 살기를 바라는 사람들을 위한 것이다.

그러나 그것은 확실히 영적인 마음을 가진 사람에 의해 공부되어야 한다. 그것은 우리에게 기도하는 기술의 중요성을 가르쳐준다.

말할 필요도 없이, 이 범주들은 영적 기질의 구분들 간의 구별을 너무 엄격하게 적용되어서는 안 된다.

하나의 요가는 다른 요가들을 완전히 배제하고 수행될 수는 없다. 진정으로 종교의 길을 따르는 사람은 누구도 사랑, 분별력, 헌신적 행위 없이는 그렇게 할 수 없다. 누구도 명상을 전적으로 생략할 수 없다. 분별력이 없는 사랑은 감상에 빠진다. 사랑이 없는 분별력은 영적 자만심이 된다. 그리고 우리 모두는 "연기 속의 불처럼" 행위에 연루된다.

예를 들어 기독교는 현저하게 신에 대한 박띠 접근이지만, 그 성자들 가운데서 우리는 토마스 아퀴나스 같은 갸나 유형과 빈센트 드 폴 같은 까르마 요기들을 발견한다. 그것은 모두 강조의 문제이다. 그리고 마지막 분석으로, 우리들 각자는 자신만의 특별한 혼합 요가를 가지고 있다. 그러나 어느 요가를 따르든지, "요가의 가지들"의 준수는 필수적이다.

박띠 요가의 주제에 관해서, 슈리 라마크리슈나와 그의 제자들 중 한 명 사이의 기록된 대화를 인용할 가치가 있다.

제자: "스승님, 신은 형태가 있습니까 아니면 형태가 없습니까?"

슈리 라마크리슈나: "그가 '이것'이고 '다른 어떤 것이 아니다'라고 누구도 단호하게 말할 수 없다. 그는 형태가 없고 또 그는 형태를 가지고 있다. 그는 헌신자에게는 형태를 띤다.

분별력의 길을 따르면서, 자아와 겉모습의 세계의 무^{nothingness}를 그의 내적 존재에서 경험했던 갸니에게는 형태가 없다. 그것들은 꿈과도 같다. 그는 자신의 내적 의식에서 브람만을 깨닫는다. 말은 그 실재를 표현하지 못한다. 헌신자에게 세상은 신의 창조물이며, 그 자신 또한 독립된 존재처럼 실제적이다. 헌신자에게 신은 개인적 존재로 나타난다.

"그것이 어떤 것인지 아는가? 브람만을 해안이 없는 바다에 비유하라. 말하자면 헌신자의 강렬한 사랑의 냉각 효과를 통해, 무형의 물은 군데군데 얼음 덩어리로 얼어붙었다. 다시 말해서, 신은 때때로 헌신자들에게 사람으로 그리고 형태를 가지고 자신을 드러낸다.

또 지식의 태양이 떠오름과 함께, 얼음 덩어리는 녹아 없어진다. 그러면 사람은 그를 사람으로 보지 않고, 형태로도 보지 않는다. 그러면 누가 누구를 설명할 것인가? 그때 자아는 완전히 사라졌다."

제자: "스승님, 신의 성품에 대해 왜 그렇게 많은 다른 의견들이 있습니까?"

슈리 라마크리슈나: "그것들은 실제로 모순적이지 않다. 사람이 그를 깨닫는 것처럼, 신은 그 자신을 표현한다. 만약 사람이 어떻게 해서 그에게 이르면, 그는 아무런 모순도 찾지 못한다.

까비르는 이렇게 말했다. '무형의 절대자는 나의 아버지이고, 형태가 있는 신은 나의 어머니이다.'"

제자: "스승님, 사람이 신을 볼 수 있습니까? 만약 그렇다면 우리는 왜 그를 볼 수 없습니까?"

슈리 라마크리슈나: "그렇다, 그를 분명히 볼 수 있다. 사람은 그를 형태를 가진 것으로 볼 수 있고, 또한 형태가 없는 것으로도 볼 수 있다."

제자: "그러면 어떤 방법으로 그를 볼 수 있습니까?"

슈리 라마크리슈나: "너는 사모하는 가슴으로 그를 위해 울 수 있는가? 사람들은 자신의 아이들이나 아내 또는 돈을 위해서 많은 눈물을 흘린다. 그러나 누가 신을 위해 눈물을 흘리는가? 아이가 장난감에 빠져 있는 동안은 엄마는 집안일을 하느라 바쁘다. 아이가 장난감에 싫증이 나서 그것을 치우고 엄마를 찾으면서 울면, 그때 엄마는 급히 달려와 아이를 품에 안는다."

헌신자는 자신이 가장 숭배하고 싶은 마음이 드는 신의 특정 측면을 선택할 수 있듯이, 그는 또한 신과 자신 사이에 확립하고 싶은 특정 종류의 관계를 선택할 수도 있다.

예수에게 신은 아버지였다. 라마크리슈나에게 신은 어머니였다. 형제 로렌스는 자신을 신의 하인으로 생각했다. 동양의 현자들은 신을 그리스도의 아이로 흠모했다. 아르주나는 신을 친구로 보았고, 반면에 라다는 그를 애인으로 보았다. 이와 같이 모든 인간관계는 박띠 요가의 수행을 통해 승화될 수 있다.

46. 자세(아사나)는 움직임이 없고 편안하게 앉는 것이다.

아사나는 두 가지를 의미한다.

요기가 앉는 장소와 그가 그곳에 앉는 방식이 그것이다.

첫 번째 의미와 관련해서 기따(6장 11)는 말한다. "명상의 자리는 너무 높지도 너무 낮지도 않으며, 안정적이며 깨끗한 곳이어야 한다. 그자리 위에 신성한 꾸샤 풀을, 그 위에 사슴 가죽을, 그 위에 천을 놓아야 한다." 그런 것들은 전통적인 필요조건이다. 하지만 편하고 안정된 어떤 자리도 괜찮을 것이다.

자세는 또한 힌두 전통에 의해서도 정의된다. 가장 유명한 아사나는 연꽃 자세라고 불리는 것으로, 요기는 발을 끌어당겨 허벅지 위쪽에 기대어 쉬게 한 채, 다리를 꼬고 앉는다. 사지의 훨씬 더 큰 유연성을 필요로 하는 많은 다른 자세들이 있다.

그러나 정말 중요한 것은 가슴, 목, 머리를 일직선으로 하고, 전혀 움직이지 않고 곧게 앉을 수 있는 자세를 취하는 것이다. 하지만 압박이 없으면, 그는 몸을 완전히 잊는다. 이것은 처음에는 결코 쉽지 않다.

나이가 많은 초보자들은 의자에 똑바로 앉는 것이 가장 좋다는 것을 발견할 수도 있다. 하지만 어느 정도의 깊은 흡수가 이루어질 때면 항상 떨어질 위험이 있기 때문에, 땅에 앉는 것이 더 현명하다.

몸을 곧게 하는 것의 중요성은 명상을 전혀 수행해보지 않은 사람들에게도 분명해야 한다. 그것은 일반적 경험의 문제이다. 사람은 등을 구부린 채 앉아 있을 때보다 그 자세로 더 명확하게 생각한다.

하지만 요기에게 곧은 자세는 절대적으로 필요하다. 마음이 깊이 몰두될 때, 영적 전류는 척추를 타고 올라가는 것이 느껴진다. 그리고 이 전류를 위한 통로는 곧게 유지되고 열려 있어야 한다. 이 주제에 관해서는 이 장의 수뜨라 49, 50에 관한 주석에서 더 이야기될 것이다.

47. 몸의 (동요의) 자연스러운 경향성의 통제로 그리고 무한[33]을 명상(시각화)함으로써 자세는 확고하고 편안해진다(진정한 자세가 얻어진다).

좋고 자연스러운 자세는 아주 드물다. 대부분의 사람은 나쁜 자세를 취한다. 그래서 온갖 종류의 몸의 긴장들에 영향을 받는다. 그러므로 아사나는 조심스러운 훈련을 통하여 완벽해져야 한다. 목표는 노력이 없는 경계를 달성하는 것이다.

그 상태에서 몸은 완벽하게 흔들림이 없으면서도 이완되어야 한다. 균형을 이루지 못한 몸은 마음의 긴장과 불안함만을 표현하기 때문에, 우리는 무한자에 대하여 명상함으로써 마음을 진정시키라는 말을 들

---

33 시공간의 제한들로부터 자유로운 초월의, 혹은 시간 제한이 없는 영원한 현재에 대한 자각(데니스 힐). 왼쪽에도 오른쪽에도, 위에도 아래에도, 몸이 없는… 무한한 공간을 (Swami Kriyananda).

는다.

우리 마음은 무한한 브람만을 상상할 수가 없다. 대신에 우리는 무한하게 펼쳐진 하늘에 대하여 생각할 수 있다.

48. 그 후로 그는 감각 경험들의 이원성들에 더 이상 고통스러워하지 않는다 (고통을 받지 않는다).

다시 말해, 기따가 말하는 "반대되는 것의 쌍들" 즉 현상 세계의 눈에 보이는 이원성들, 예를 들면 뜨거움과 차가움, 즐거움과 고통, 선과 악과 같은 것들에 의하여 고통을 받지 않는다.

그런 완벽한 몸의 통달은 물론 자세를 통해서만 생기지는 않는다. 그것은 신의 의식에의 흡수 상태로부터 생겨난다. 빠딴잘리는 이 상태에 이르기 위해 꼭 필요한 추가적인 수행들을 계속해서 설명한다.

49. 자세를 통달한 후, 들어오고 나가는 호흡의 움직임을 멈춤[34]으로 쁘라나의 통제(쁘라나야마)를 수행해야 한다.

50. 호흡은 외적으로, 내적으로, 혹은 중간에 멈출 수 있다. 이것은 장소, 지속

---

34 우리는 이미 숨을 내쉬고 잠시 멈추고 들이쉬고 있다. 이샤 우빠니샤드에도 "우리는 들이쉬고 내쉬는 호흡으로 사는 것이 아니라 들이쉬고 내쉬는 호흡을 만들어내는 그분으로 인해 산다."라는 말이 있다.

시간과 횟수에 따라 통제되어지며, 멈춤은 오래 혹은 짧을 수도 있다.

우리가 제1장, 수뜨라 34에서 보았듯이, 쁘라나는 우리가 그것으로 인해 살아가는 생명 에너지를 의미한다. 이 에너지는 숨 쉬는 것에 의해 새로워지기 때문에, 쁘라나는 때로는 "호흡"이라고 번역될 수도 있다.

그러나 이 단어는 훨씬 더 폭넓은 의미를 가지고 있다. 육체의 모든 힘, 감각과 마음의 모든 기능들은 쁘라나 힘의 표현으로 여겨지기 때문이다.

쁘라스나 우빠니샤드를 인용하면

"그때 바르가바가 스승에게 다가가 물었다.

" '거룩한 스승이시여, 얼마나 많은 힘들이 이 몸을 함께 지탱합니까? 그것들 중 어느 것이 그 안에서 가장 많이 나타납니까? 그리고 어느 것이 가장 큽니까?'

"현자가 대답했다. '그 힘들은 에테르, 공기, 불, 물, 흙이다. 이것들은 몸을 구성하는 다섯 가지 원소들이다. 그 외에 말, 마음, 눈, 귀 등 여러 감각 기관들.

"한 번은 이 힘들이 뽐내며 자신들의 권리를 주장했다. '우리는 함께 몸을 지탱하고 유지한다.' 그래서 그것들 모두 중에서 최고인 태고의 에너지인 쁘라나가 그들에게 말했다. '자신을 속이지 말라. 이 몸을 지탱하고 유지하는 이는, 나 자신을 다섯으로 나누는 오직 나뿐이다.' 그

러나 그들은 그를 믿으려 하지 않았다.'

　" '쁘라나는 자신이 옳음을 보이기 위해, 마치 몸을 떠날 것처럼 했다. 그러나 그가 일어나 가는 것처럼 보이자, 나머지 모두는 만약 그가 간다면 그들 또한 그와 함께 가야 한다는 것을 깨달았다.

　"쁘라나가 다시 자리를 잡자, 나머지도 각각의 자리들을 찾았다. 여왕벌이 밖으로 나가면 벌들도 나가고, 그녀가 돌아오면 그들도 돌아오는 것처럼, 말, 마음, 시각, 청각, 그리고 나머지에 대해서도 마찬가지이다. 그 힘들은 그들의 실수를 수긍하고, 이제는 이렇게 말하며 쁘라나를 칭찬했다.

　" '쁘라나는 불처럼 타오른다. 그는 태양처럼 빛난다. 그는 구름처럼 비를 내린다. 그는 인드라처럼 신들을 다스린다. 그는 바람처럼 분다. 그는 달처럼 모든 것들을 키운다. 그는 눈에 보이는 것이며 또한 보이지 않는 것이다. 그는 불멸의 생명이다.' "

　라자 요가의 생리학에 따르면, 거대한 영적 에너지의 비축물이 척추 기저에 자리 잡고 있다. 이 에너지의 비축물은 "감겨 있는 것" 즉 꾼달리니라고 알려져 있다. 따라서 그것은 때때로 "뱀의 힘"이라고 말해진다.

　꾼달리니가 일깨워지면, 그것은 여섯 개의 의식의 중심들을 거쳐 척추까지 올라가서 일곱 번째인, 뇌의 중심에 이른다고 한다. 가장 높은 중심에 이르면, 그것은 다양한 정도들의 깨달음을 만들어낸다. 그 과정은 라마크리슈나의 말로 가장 잘 설명된다.

"경전들은 일곱 개의 의식의 중심들에 대하여 말한다. 마음은 그 중심들 중 어느 하나 안에서 살 수 있다. 마음이 세상적인 것에 집착하면, 그것은 세 개의 아래쪽 중심들 즉 배꼽, 생식기관, 배설기관에서 산다. 그러면 마음은 더 높은 영적 야망이나 비전들을 갖지 못한다. 그것은 욕정과 탐욕의 갈망들에 몰두한다.

"네 번째 중심은 가슴에 있다. 마음이 그곳에서 사는 법을 배울 때, 사람은 자신의 첫 번째 영적 일깨움을 경험한다. 그때 그는 사방에서 빛의 모습을 본다. 이 신성한 빛을 보면, 그는 경이로움으로 가득 차게 되어서 말한다. "아, 얼마나 축복인가!" 그의 마음은 이제 아래쪽 중심들로 가지 않는다.

"다섯 번째 중심은 목구멍에 있다. 마음이 이 중심에 이른 사람은 무지와 망상으로부터 자유로워진다. 그는 신 이외의 어느 것에 대해서도 듣거나 말하는 것을 즐기지 않는다.

"여섯 번째 중심은 이마에 있다. 마음이 이 중심에 이르면, 밤낮으로 신에 대한 직접적인 모습^{vision}을 본다. 그때에도, 수행자에게는 약간의 자아의 흔적이 남아 있다... 그것은 랜턴의 불빛과도 같다. 사람은 마치 빛을 만질 수 있는 것처럼 느끼지만, 시야를 막는 유리판 때문에 그럴 수 없다.

"일곱 번째 중심은 머리 꼭대기에 있다. 마음이 그것에 이르면, 사마디가 얻어진다. 사람은 브람만과 결합되어, 브람만을 아는 자가 된다."

라자 요가의 공부는 마음이 관습적인 청교도 교육에 의해 비뚤어진 사람들에게 아주 도움이 된다. 청교도주의의 위험은 우리가 둘 사이의 어떤 관계도 보지 않고, 몸의 기능과 힘들을 악으로 여기고, 다른 기능과 힘들은 선으로 여기도록 자극한다는 것이다.

라자 요가는 마음과 몸이 하나의 생명력을 가지고 있다는 것을 우리에게 상기시켜준다. 이 힘은 다양한 의식의 수준들에서 다양한 방법들로 그 자신을 표현한다. 그것은 사람들에게 그림을 그리고, 경주를 하고, 성관계를 맺거나 기도를 하도록 강요할 수도 있다.

그러나 그것이 당신을 어디로 데려가든 그것은 언제나 똑같은 힘이다. 백화점에서 똑같은 엘리베이터가 당신을 여성 모자, 스포츠 매장, 가구, 그리고 옥상의 레스토랑으로 데려다 주는 것과 같다.

프로이드를 읽고 잘못 이해한 어떤 사람들은 비웃으며 다음과 같이 말하는 경향이 있다. "종교는 단지 억압된 성이다." 이 발언은 우리를 놀라게 만들어서 혐오감을 가지고 종교를 포기하도록 만들 것이다.

그러나 비록 그가 그것의 어리석음에 웃긴 했을 수 있을지라도, 그것은 빠딴잘리를 조금도 놀라게 하지 않았을 것이다. 그는 응수했을 것이다.

"성은 단지 잠재적인 종교일 뿐이다. 그 똑같은 에너지를 더 큰 목적을 위해 사용하면 당신은 깨달음을 얻을 것이다."

라자 요가에 따르면, 척추는 두 개의 신경의 흐름 즉 왼쪽의 이다와 오른쪽의 뼁갈라 그리고 수슘나라고 불리는 중심 통로를 가지고 있다.

꾼달리니가 일깨워지면, 그것은 수슘나를 거쳐 올라간다.. 보통은 영적이지 않은 사람들에게 그것은 닫힌 채로 있다. 배꼽, 가슴, 목구 멍 등의 중심에 대해 말하면서, 라마크리슈나는 실제로 수슘나 안에 위치한 중심들의 대략적인 위치를 알려주기 위해 물리적인 용어들을 사용하고 있다.

이 중심들은 또한 요가 문학에서 종종 "연꽃들"이라고 불린다. 이것 은 그것을 볼 수 있는 영적 시각을 가진 사람들에게 연꽃의 형태로 나 타난다고 말해지기 때문이다. 제1장, 수뜨라 36을 참조하라.

비베까난다는 우리가 그것을 서양 생리학의 다양한 신경총에 대한 대응물들로 생각할 수 있다고 제안한다. 우리가 보았듯이, 요가 생리 학은 거친 물질과 미세한 물질 사이에서 완벽한 구분을 짓지 않는다. 그것은 모두 정도의 문제이다.

비베까난다는 말한다. "오랜 내적 명상의 힘에 의해 저장된 방대한 양의 에너지가 수슘나를 통해 이동해서 중심들을 칠 때, 그 반응은 엄 청나고, 꿈이나 상상의 반응보다 아주 뛰어나며, 감각 지각의 반응보 다 엄청나게 더 강렬하다.

"일반적으로 초자연적인 힘이나 지혜라고 불리는 것에 대한 어떤 징후라도 있는 곳이라면, 꾼달리니의 약간의 흐름은 분명 수슘나로 가 는 길을 찾아낸 것이 틀림없다.

"그런 대다수의 경우에, 오직 사람들은 감겨 있는 꾼달리니의 작은 일부분을 풀어주는 수행에서 무지하게 비틀거렸다. 모든 숭배는 의식적으로나 무의식적으로 이 결말로 이어진다. 자신의 기도들의 응답을 받고 있다고 생각하는 사람은 그 성취가 자신의 성품으로부터 오고, 그가 자신 안에 감겨 있는 이 약간의 무한한 힘을 깨우는 기도하는 마음의 태도 때문에 성공했다는 것을 모른다.

"이렇게 사람들이 두려움과 고난을 통해, 여러 이름들로 무지하게 숭배하는 것을, 요기는 이것이 모든 존재 안에 감겨 있는 진짜 힘이라고 한다. 만약 우리가 그녀에게 접근하는 법을 안다면 그것은 영원한 행복의 어머니라고 그리고 요가는 종교의 과학, 모든 숭배, 모든 기도, 형태들, 의식과 기적의 근본적 이유라고 세상에 선언한다."

쁘라나야마의 목적은 꾼달리니를 일깨우고 그로 인해 생명 에너지 즉 쁘라나를 통제하려는 것이다. 말했듯이, 쁘라나는 주로 숨 쉬는 기능에서 스스로를 나타낸다. 따라서 쁘라나의 통제는 숨 쉬는 연습들의 수행으로 얻어질 수 있다.

쁘라나야마의 온전한 기술은 호흡의 멈춤에 집중된다. 만약 날숨 후에 호흡을 멈추면, 즉 폐에서 공기가 비워졌을 때, 그 멈춤은 "외부" 라고 말해진다. 들숨 후에 호흡을 멈추면, 이것은 "내부의" 멈춤이다.

"장소"라는 것은 호흡을 멈추는 몸의 특정 부분을 의미한다. 들숨 또는 날숨은 반드시 전체일 필요는 없기 때문이다. 그렇다면 다시 말해, 호흡은 일정 기간 동안 유지^{hold}될 수도 있다.

우리는 주로 빠딴잘리의 영적이고 철학적인 가르침에 관심을 갖기 때문에, 이런 것들은 이 주석에서 별로 자리를 차지하지 않는 매우 기술적인 문제들이다.

강조해야 할 점은 이것이다. 경험이 많은 스승의 지속적인 감독이 없이는 누구도 상급의 쁘라나야마 연습들을 수행해서는 안 된다는 것이다. 그리고 신을 찾기 위해 완전히 헌신하는 절대적으로 순결한 삶을 살고 있지 않다면, 어떤 상황에서도 그것을 수행해서는 안 된다.

그렇지 않으면 그것들은 가장 위험한 모습의 마음의 혼란으로 쉽게 이어질 수도 있다. 호기심이나 자만심에서 다른 사람들에게 그런 수행들을 채택하도록 부추기는 사람들은 범죄자로 설명될 수 있다. 꾼달리니의 거대한 힘은 가볍게 다루어지거나 남용될만한 것이 아니다.

그러나 마음을 편안하게 하고 집중을 위해 그것을 준비하도록 사용될 수 있는 무해한 호흡 연습이 있다.

오른손의 엄지로 오른쪽 콧구멍을 막고 왼쪽 콧구멍으로 깊게 숨을 쉬어라. 그렇게 하면서 생명 호흡에서 순수하고 신성한 쁘라나를 들이마시고 있다고 느껴라.

척추의 바닥에 있는 기본적인 삼각형 모양의 연꽃 안에 위치한 꾼달리니로 이다 신경을 통해 전류를 보내고 있다고 느껴라. 신성한 음절 옴을 반복하면서 잠깐 동안 숨을 참아라.

그런 다음 오른쪽 콧구멍을 열면서, 검지로 왼쪽 콧구멍을 막아라. 몸으로부터 모든 불순물들을 내보내고 있다고 느끼면서 오른쪽 콧구멍을 통해 숨을 내쉬어라.

그런 다음 여전히 왼쪽 콧구멍을 막은 채, 삥갈라 신경으로 전류를 내려보내고 이 과정을 거꾸로 반복하면서 오른쪽 콧구멍을 통해 숨을 들이마셔라. 다시 말해, 한 번에 하나의 콧구멍만 열려 있고, 교체는 항상 날숨 전에만 있어야 한다.

이 연습은 진정의 효과를 느끼기 시작할 때까지 몇 분 동안 계속될 수 있다. 그것은 호흡을 과도하게 참거나, 너무 많은 산소로 몸을 과도하게 자극하는 것을 수반하지 않기 때문에, 어떤 상처도 입히지 않을 것이다.

51. 네 번째 유형의 쁘라나야마는 외부나 내부의 대상들에 대한 집중으로 자연스럽게 오는 호흡의 멈춤이다.

앞의 두 수뜨라들에는 쁘라나야마의 세 가지 작용을 정의했다. 즉 들숨, 날숨, 일정 기간 동안 호흡의 정지이다. 이 작용들은 모두 의식적인 의지에 의해 통제된다. 그것들은 의도적인 연습의 일부이다.

그러나 이 네 번째 작용은 자신도 모르게 하는 것이고 자연스럽다. 사람이 수련들을 통해 쁘라나에 대한 완벽한 통제권을 얻게 되거나, 쁘라나야마의 수행 없이 신에 대한 헌신을 통해 영적 발전의 어느 단계에 이르면, 그의 호흡은 집중에 깊이 빠져있는 동안 언제라도 자발적으로 멈출 수도 있다.

이 자연스러운 호흡의 멈춤은 몇 초 또는 몇 분 동안 계속될 수도 있다. 심지어 그는 그것을 자각하지 못할 것이다.

사마디 상태에서, 호흡은 한 번에 몇 시간 동안 완전히 중지된다. 이런 유형의 호흡의 정지는 그가 충분히 성장했고 그것을 지탱할 수 있을 때에만 일어나기 때문에 위험하지 않다.

52. 이 결과로, 안에 있는 빛[35]의 덮개가 벗겨진다.

"안의 빛"은 실재와 비실재 사이의 영적 분별력의 빛이다. " 덮개"는 과거 까르마에 의해 만들어진 무지로 이루어진다. 쁘라나야마의 수행을 통해 마음이 정화될 때, 무지는 점차 없어진다.

53. 그때 마음은 집중(다라나)에 적합해진다.

빠딴잘리는 다음 장의 첫 번째 수뜨라에서 집중을 정의할 것이다.

54. 마음이 감각 대상들로부터 물러날 때, 감각 기관들 역시 대상들로부터 물러나 마음을 닮는다. 이것이 쁘라띠야하라이다.

55. 이때 감각들은 완전히 통제된다.

---

35 빛은 쁘라까사이다. 이 빛을 가리는 것은 결국 까르마에서 나온 따마스와 라작스의 덮개이다. 이것이 벗겨지고 삿뜨와 구나의 빛이 나온다(Edwin F. Bryant).

한 나라의 주들은 먼저 중앙 정부를 장악함으로써 통제되듯이, 우리는 몸의 나머지 부분들을 통제할 수 있기 전에 마음을 통제하는 것으로부터 시작해야 한다.

마음에 욕망이 있는 한, 감각 기관들은 간절히, 그리고 거의 자신도 모르게 욕망의 대상들을 향해 움직일 것이다. 거리에서 그를 지나쳐 가는 매력적인 소녀의 모습을 그의 눈이 자연스럽게 따라갈 때, 그는 "기회를 노리는 눈"을 가졌다고 한다. 감각 기관들은 본능적으로 그들의 주인을 모방하는 동물들과도 같다.

만약 주인이 약하고 열정들의 영향을 받기 쉽다면, 마치 아이가 힘세고 제멋대로인 개에게 끌려가듯이, 감각 기관들은 그것들 뒤에 그를 끌고 가면서, 그의 약함을 모방하고 심지어 과장할 것이다.

그러나 마음이 강하고 자기 통제가 되면, 감각 기관들은 질서 있고 순종적인 마음의 하인이 된다. 그것들은 그것의 약함 대신 강함을 모방한다. 몸의 모든 움직임은 마음의 자기 통제를 표현한다.

마음을 통제하기 위해서는 우리는 마음을 알아야 한다. 우리의 마음 내부가 정말 어떠한지를 객관적으로 아는 사람은 거의 없다. 우리의 지배적인 두려움과 욕망들은 우리에게 너무나도 익숙해져서, 우리는 심지어 그것들을 잘 알아차리지 못한다. 그것들은 우리 생각들의 배경으로 계속 반복되어 울리고 있는 북 소리와도 같다.

그래서 예비 단계의 연습으로, 매일 단순히 우리의 마음들을 쳐다 보고, 그것들의 북소리들을 듣는 것에 약간의 시간을 쓰는 것이 좋다.

우리는 어쩌면 우리가 보고 듣는 것을 좋아하지 않을 수도 있지만, 인내심을 가지고 객관적이어야 한다. 마음은 이런 식으로 감시되고 있는 자신을 발견하면서 점차 더 차분해질 것이다.

그것은 말하자면 자신의 탐욕과 고요함에 당황하게 된다. 어떤 외부의 비판도 우리 자신의 간단한 자기 점검만큼 효과적이고 꿰뚫어보는 것은 없기 때문이다.

만약 이 연습을 몇 달 동안 규칙적으로 계속한다면, 우리는 분명 마음의 통제를 향한 발전을 이룰 것이다.

제3장

━━━

초자연적인 힘들

1. 집중(다라나)은 몸 안의 영적 의식의 중심들 중 하나나 혹은 몸 안이나 바깥의 신성한 형상에 마음을 고정시키는 것이다.

요가의 처음 다섯 개 "가지들"은 이전의 장에서 논의되었다. 세 개 즉 집중(다라나), 명상(디야나) 그리고 흡수(사마디)가 남는다.

여기에서 언급된 영적 의식의 중심들은 제2장, 수뜨라 49, 50에서 언급한 일곱 개의 연꽃들이다. 집중하기 위해서 당신은 당신의 스승이 지시한 이 연꽃들 중 하나에 있는 내면의 빛에 마음을 고정시켜야 한다.

혹은 자신의 선택한 이상^{Chosen Ideal}의 형태에 집중할 수도 있다. 당신은 그 이상을 연꽃 안이나 자신의 몸 바깥에 그 형태를 시각화하려고 노력해야 한다.

2. 명상(디야나)은 집중의 대상을 향한 중단되지 않는 생각의 흐름이다.

다른 말로 하면, 명상은 오래 계속되는 집중이다.

명상의 과정은 한 용기에서 다른 용기로 기름을 붓는 것에 종종 비유된다. 한결 같고 중단되지 않는 흐름이어야 한다. 우리는 빠딴잘리가 생각을 마음속의 물결(브릿띠)라고 정의하는 것을 제1장, 수뜨라 2에서 보았다

일반적으로 생각의 물결은 일어나서 마음속에 잠깐 머물고, 그런 다음 또 다른 물결이 뒤를 이으면 가라앉는다. 명상의 수행에서, 동일한 물결들의 연속이 마음에서 일어나야 한다. 이것은 아주 빨리 이루어져서 또 다른 물결이 일어나서 그것의 자리를 차지하기 전에 그 물결이 가라앉는 것이 허용되지 않아야 한다.

그러므로 그 결과는 하나가 완벽한 연속성을 이루는 것이다. 만약 당신이 카메라나 대상을 옮기지 않고 긴 영화를 찍고, 그 결과물을 스크린에 비춘다면, 관객은 그냥 한 장의 사진을 보고 있는 편이 더 나았을 것이다. 많은 동일한 이미지들이 하나로 융합된다.

이 정의로 보면 빠딴잘리의 디야나는 우리가 보통 알고 있는 "명상"과는 다르다는 것을 알 수 있다.

"명상"이라는 말을 우리는 흔히 중심 사상 주변에 있는 다소 산만한 마음의 작용을 의미한다. 예를 들어, 만약 그리스도에 대해 명상하고 있다고 한다면, 우리의 마음을 그리스도의 이상적 형태에 고정시키려고 노력할 뿐만 아니라 그의 가르침들, 그의 기적들, 그의 제자들, 십자가에 못 박힘 등에 대해서도 생각한다는 것을 의미한다.

이 모든 것은 아주 좋다. 그러나 정확하게 말한다면 그것은 단지 다라나와 디야나의 예비 단계일 뿐이다.

3. 명상에서, 대상의 진정한 모습이 지각자의 마음에 의하여 왜곡됨이 없이 앞으로 나와 빛날 때(명상하는 자와 명상의 대상이 하나가 될 때), 그것이 몰입(사마디)이다.

보통의 감각 지각은 지각하는 자의 상상에 의해 왜곡되고 색이 입혀진다.

우리는 우리가 볼 것이라고 생각하는 것이 무엇인지 미리 결정한다. 이 예상은 우리의 비전을 방해한다. 위대한 화가들은 풍경을, 그렇게 보여야 한다고 사람들이 생각하는 대로가 아니라 실제 보이는 대로 그렸기 때문에 종종 격렬하게 공격받았다.

사마디의 초감각적인 지각에서만 우리는 우리 상상의 왜곡으로부터 완전히 자유로운, 그것 자신의 성품의 진리 속에서 한 대상을 본다. 사마디는 사실 지각 훨씬 더 이상이다. 그것은 직접적 지식이다.

슈리 라마크리슈나는 비베까난다에게 말했다. "내가 너를 보는 것보다 더 생생하게 나는 신을 본다." 그는 말 그대로의 진리를 말하고 있었다.

왜냐하면 라마크리슈나는 어느 정도의 왜곡을 반드시 보유해야만 하는 평범한 감각 지각의 눈으로 비베까난다를 보았지만, 자신은 사마디에서 신을 보았다는 것을 의미했기 때문이다.

4. 집중, 명상, 사마디라는 이 셋을 한 주제(대상)에 하는 것이 삼야마다.

삼야마는 단순히 사물의 진정한 본성을 알 수 있게 해 주는 3요소의 과정을 설명하는 편리한 전문 용어이다.

5. 삼야마의 통달로 지식의 빛(이해가 아니라 직관적 이해[36])이 온다.

6. 그것은 단계적으로 적용되어야(수행해야) 한다.

빠딴잘리는 너무 서두르지 말라고 우리에게 경고한다.

집중을 완전히 숙달하기 전에 명상을 시도하는 것은 소용이 없다. 거친 대상들에 대해 집중할 수 있기 전에 미세한 대상들에 대해 집중하려고 하는 것은 아무 소용이 없다. 지름길을 통해 이런 지식으로 가려는 어떤 시도도 극도로 위험하다.

예를 들자면, 사람은 약에 취해 있는 동안에는 어떤 초감각적인 psychic 경험을 할 수도 있다. 그러나 그렇게 얻어진 그런 경험들은 지속되는 영적 혜택을 가져다 줄 수 없다. 그와 반대로, 그것들 뒤에는 일반적으로 완벽한 불가지론과 절망에 빠지는 것이 따라온다.

힌두 경전 중의 하나인 비슈누 뿌라나는 형태를 가진 신의 숭배에서부터 시작해서 아뜨만과 브람만의 하나에 대한 깨달음으로 끝이 나

---

36 통찰, 직관은 상상이 아니다. 그것은 안으로부터의 이해이다(Swami Kriyananda).

는 명상의 수행을 단계들로 가르친다.

"그 몸은 아주 광채가 나는 왕관, 목걸이, 귀걸이들, 팔찌들로 장식되어 빛나고, 손들에 소라고둥과 곤봉을 들고서, 태양 빛 안의 연꽃에 자리 잡은, 모든 존재의 가슴에 거하는 자, 비슈누에 대해 명상하라.

"그런 다음 현명한 자는 소라고둥과 곤봉 없이 장신구들로 치장한 밝게 빛나고, 상냥한 형태의 신에 대해 명상해야 한다.

"마음이 그 형태에 대해 집중하게 되면, 그 다음에는 장신구가 없는 형태에 계속 마음을 두어야 한다.

"그 다음에는 신의 빛나는 형태와 자신이 하나라는 것에 대해 명상해야 한다.

"마지막으로는, 형태가 사라지게 하고 아뜨만에 대해 명상해야 한다."

7. 이 셋은 앞의 다섯보다는 경험에 더 직접적인 도움들(내적)이다.

다시 말해, 요가의 처음 다섯 가지들은 수행자가 삼야마(집중-명상-흡수)의 수행을 준비하도록 해 주는 훈련의 모습일 뿐이다.

마음과 감각들은 윤리적 미덕들을 기름으로써 정화되어야 하고, 모든 유기체는 그것을 기다리고 있는 엄청난 경험을 겪어낼 수 있도록 강화되어야 한다.

그러나 이것은 단지 시작이다. 삼야마의 완벽조차도 시작일 뿐이다. 왜냐하면 우리 자신의 영적 성장의 아주 작은 표시를 자랑스럽게 느끼고 싶을 때마다, 우리는 브람마난다의 놀랍고도 냉철한 말, "영적 삶은 사마디 이후에 시작된다."를 기억하는 것이 좋을 것이기 때문이다.

8. 그러나 이 셋조차도 씨앗이 없는(무종자, 니르비깔빠) 사마디에 비하면 외적이다.

삼야마의 수행은 낮은 사마디(사비따르까 등)로 나아가게 한다.

그러나 "씨앗이 없는" 사마디 즉 니르비깔빠는 더 이상의 것이다. 그리고 훨씬 더 강렬한 영적 노력을 요구한다. 제1장, 수뜨라 51을 참조하라. 그 주제에 대해 여기에서 빠딴잘리가 말하는 거의 모든 것은 간단한 요약이다. 빠딴잘리는 이제 니르비깔빠에 대해 이야기한다.

9. 낮은 사마디에서 얻은 비전(삼스까라, 잠재적 인상들)을 통제하여, 마음에 더 이상 아무런 생각이나 비전들이 없을 때, 이것이 생각의 물결들의 통제의 성취이다.

10. 생각의 물결들의 이 억(통)제가 계속될 때, 마음의 흐름은 고요하다.

11. 마음의 모든 산만들이 사라지고 일점 지향이 될 때, 그것(마음)은 사마디라 부르는 상태에 들어간다.

12. 비슷한 생각의 물결들이 아무런 간격이 없이(동일하게) 계속 일어날 때, 마음은 일점 지향이 된다.

마음이 방해받지 않고 같은 대상을 향해 12초 동안 흐르도록 만들어질 수 있으면, 이것은 집중이라 불릴 수 있다고 말해져 왔다.

만약 마음이 그 집중을 12초의 12배 즉 2분 24초 동안 흐르도록 할 수 있다면, 이것은 명상이라 불릴 수 있다.

만약 마음이 그 명상을 2분 24초의 12배 즉, 28분 48초 동안 흐르도록 할 수 있다면, 이것은 낮은 사마디가 될 것이다.

그 낮은 사마디가 그 기간의 12배 즉, 5시간 45분 36초 동안 유지될 수 있다면, 이것은 니르비깔빠 사마디로 이어질 것이다.

13. 이 상태[37]에서, 마음은 미세하거나 거친 물질계의 세 가지 변화들 즉 형태, 시간 및 조건condition의 변화들 너머로 간다.

비베까난다는 금 덩어리를 예로 든다. 금이 처음에 팔찌로 그다음에 귀걸이로 만들어질 때 형태의 변화가 일어난다. 시간의 변화는 그것이 더 낡아질 때 일어난다. 조건의 변화는 밝은 금이 윤기가 없어지거나 가늘어질 때 일어난다.

유사한 변화들이 미세한 물질과 마음의 생각의 물결들에서도 일어

---

37   에까그라따 빠리나마

난다. 생각의 물결들은 다른 종류일 수 있고, 다른 기간을 나타낼 수도 있으며, 강도에서 다양할 수도 있다. 그러나 사마디 상태에서 마음은 이 세 가지 유형의 변화들을 모두 초월한다.

14. 복합compound 대상은 (쁘라끄리띠의) 속성(구나)들을 지니고 있으며 그것은 과거, 현재와 미래라는 변화들을 겪을 것이다.

15. 이 변화들의 연속이 다양한 진화의 원인이다.

분화된differentiated 물질의 영역 안에 있는 각 물체는 다양한 조합을 가지고 있는 세 구나들로 이루어져 있다. 그러므로 속성들을 가지고 있다. 그리고 혼합물이다.

제1장에서 이미 설명했듯이, 물체의 속성들은 다양하고 구나들의 행위와 삼스까라들의 구성에 따라 변한다.

어떤 물체도 다른 물체로 변할 수 있다. 그러므로 깨달음을 얻은 요기는 한 조각의 금과 진흙 덩어리 사이에서 어떤 근본적인 차이도 보지 않는다.

이런 이유로, 그는 현상 세계의 물체에 대한 완벽한 객관성을 얻는다.

16. 세 종류의 변화(탄생, 삶, 죽음)들을 삼야마함으로써 과거와 미래에 대한 지식을 얻는다.

빠딴잘리는 이제 다양한 초자연적인[occult] 힘들과 그것을 얻는 방법을 설명하기 시작한다.

빠딴잘리 자신을 포함해서 모든 권위자들은 초자연적 힘들을 진리의 길에 있는 가장 큰 장애물로 여긴다.

슈리 라마크리슈나는 그것들을 "쓰레기 더미들"이라고 부른다. 붓다는 그의 제자들에게 기적을 믿지 말고, 단지 영원한 원리 안에 있는 진리를 보라고 분명히 말했다. 그리스도는 "징표를 찾는 사람들"에 대해 신랄하게 말했다. 그의 비난이 그의 추종자들에 의해 더 심각하게 받아들여지지 않았다는 것은 불행한 일이다.

그러나 초자연적 힘들은 존재한다. 빠딴잘리는 요가 심리학에 대한 포괄적인 논설에서, 그것들을 분명히 무시할 수 없었다.

우리는 완벽함을 위해 다음에 나오는 수뜨라들을 번역하지만, 최소한의 기술적 설명으로 번역한다. 진정한 영적 수행자는 그런 문제들에 거의 관심이 없을 것이다.

서양에서, 이런 힘들은 거의 드러나지 않고 있다. 그래서 상당히 많은 회의론의 대상이다. 그러나 그것들은 모두 우리들 각자의 안에 있고, 지속적인 수행을 통해 발전될 수 있었다.

서양인은 다른 선택을 했다. 그들은 심리적인 힘들보다 오히려 기계적인 힘의 생산에 집중하는 것을 더 좋아했다. 그래서 텔레파시 대신 전화기를 가지고 있고, 공중부양 대신 헬리콥터를 가지고 있으며, 투시력 대신 텔레비전을 가지고 있다. 우리는 그런 선택에 의해 표현된 유물론을 후회할 수도 있다.

그러나 어쩌면 그것은 두 개의 악들 중에서 덜한 것일 수 있다. 사업과 정치적 목적을 위해 초자연적 힘들을 사용하는 타락한 요기들의 사회는 원자가 권력을 행사하는 우리 세계보다 살기에 훨씬 더 좋지 않을 것이다.

그러나 "그것들은 세상적인 상태에서는 힘들이지만 사마디에 대한 장애물들이다."라는 빠딴잘리의 경고를 기억하면서, 초자연적 힘들을 동경하는 것을 그만두고, 영적 성장을 향한 진정한 길로 돌아가자.

17. 말의 소리, 의미, 자신의 반응은 보통 혼동된다. 말을 삼야마 함으로써 (분리가 일어나) 살아있는 존재들이 하는 말의 의미를 이해하게 된다.

보통 우리는 말의 소리를 듣고서, 그것이 의미하는 것 그리고 그것이 지니고 있는 정보에 따라 이런 저런 방식으로 반응하는 것 간에 아무런 차이를 자각하지 못한다.

만약 어떤 사람이 "불이야"라고 소리치면, 우리는 순식간에 벌떡 일어선다.

그러나 요기는 이런 세 가지 기능들을 분리할 수 있다. 이 삼야마를 함으로써 그는 외국어와 모든 동물들에 의해 만들어지는 소리를 이해할 수 있다.

18. 마음에 있는 이전의 생각(잠재 인상)들을 삼야마 함으로써, 자신의 전생들을 알게 된다.

생각의 물결이 가라앉을 때, 그것은 마음속에 잠깐 동안 미세한 모습으로 남아있다.

그러므로 그것은 기억으로 다시 살아날 수 있다. 이 기억은 이전 환생들로 거슬러 연장되도록 만들어질 수 있다.

19. 다른 사람의 몸의 두드러진 자국들을 삼야마 함으로써, 그의 마음을 알 수 있다.

20. 그러나 생각 뒤에 있는 내용(동기)들은 삼야마하지 말라. 그것은 삼야마의 대상이 아니기 때문이다.

다른 사람의 마음의 내용들을 알기 위해서, 요기는 가슴에 대한 두 번째 삼야마를 해야만 할 것이다. 이 장의 수뜨라 35를 참조하라.

21. 몸과 몸을 둘러싸고 있는 빛을 삼야마하여 몸의 지각 가능성을 방해하면, 자신의 몸을 보이지 않게 할 수 있다.

22. 소리, 냄새, 맛, 모양, 촉감 등도 같은 방법으로 할 수 있다.

다른 말로 하면, 요기는 방에 있는 동안 다른 사람들의 감각이 그것을 감지할 수 없도록 하는 방식으로 그의 몸이 바깥으로 드러나는 것을 막는 것이 가능하다.

겉으로 나타나는 것 뒤의 실체는 남아있을 것이지만, 그러나 이 실체는 다른 사람들의 거친 감각 기관들에 의해서는 감지될 수 없기 때문에, 그 요기는 보이지 않고, 들리지 않으며, 느껴지지 않게 될 것이다.

23. 까르마들은 즉시 나타나거나 천천히 나타날 수 있다. 두 유형의 까르마들이나 죽음의 전조들을 삼야마함으로써, 요기는 자신이 언제 죽을지를 정확하게 안다.

죽음의 징조들로는 초자연적 존재들이 보이며 또한 여러 신체적, 심리적 현상들이 있다. (읽는 이가 과도하게 불안해하지 않도록 여기에서는 너무 노골적으로 하지 않는 편이 더 좋겠다.)

힌두인들은 자신이 죽는 정확한 시간을 미리 아는 것이 아주 중요하다고 믿는다. 이는 그 순간에 그가 생각하고 있는 것이 그의 다음 생애의 내용을 어느 정도 결정할 것이기 때문이다.

24. 호의, 연민 등을 삼야마 함으로써, 그것들의 힘을 발달시킨다(얻는다).

여기에서의 참조는 제1장의 수뜨라 33이다.

"...행복한 사람들에 대한 호의, 불행한 사람들에 대한 연민, 덕이 있는 사람들에서 즐거움... ." 이 삼야마를 통달한 요기는 자신이 만나는 모든 사람들에게 기쁨을 주고, 그가 지닌 고통과 걱정을 덜어주는 힘을 갖는다.

25. 코끼리들에 있는 강함을 삼야마를 함으로써, 그러한 힘들을 얻을 수 있다.

26. 내면의 빛을 삼야마를 함으로써, 미세한, 숨겨진 혹은 멀리 떨어져 있는 것에 대한 지식이 얻어진다.

내면의 빛은 제1장 수뜨라 36에서 언급된 가슴속 연꽃의 빛이다.

27. 태양을 삼야마를 함으로써, 우주 공간(태양계)의 지식이 알려진다.

28. 달을 삼야마를 함으로써, 별들의 배치에 대한 지식을 얻는다.

29. 북극성을 삼야마를 함으로써, 별들의 움직임에 대한 지식을 얻는다.

빠딴잘리의 우주론과 현대 원자 물리학 이론 사이에 강한 유사점이 있다는 것은 이미 언급했다. 그러나 고대 힌두인들은, 우리가 아는 한,

사실상 정확성이 있는 어떤 과학 기구도 가지지 않았다.

이 사실만으로도 초자연적 힘들의 타당성에 대한 어떤 근거를 제시하는 것처럼 보인다. 그렇지 않다면 어떻게 이 현자들이 우주의 내용에 대한 정확하고도 포괄적인 그림을 만들 수 있었을까?

그들의 지식은 우리들의 지식처럼 단순히 도구의 도움을 받은 감각 지각에 의존하지는 않았을 것이다.

30. 배꼽(신경총)을 삼야마를 함으로써, 몸의 구성에 대한 지식을 얻는다.

31. 목구멍[38]을 삼야마를 함으로써, 허기와 갈증이 없어진다.

32. 가슴에 있는 관(꾸르마 나디)[39]을 삼야마를 함으로써, (거북이처럼) 움직임 없음이 얻어진다.

예를 들자면 뱀이나 도마뱀의 부동이다. 이것은 요기가 원치 않는 몸의 움직임에 방해받지 않고 명상할 수 있게 해 준다.

33. 후두부 뒤에 있는 광채를 삼야마함으로써, 천상의 존재들을 볼 수 있다.

---

38 비슷다 짜끄라.
39 눈에서 배꼽 신경총으로 가는 미묘한 에너지 통로.

후두부 안에 있는 광채는, 머리 꼭대기에 위치한 가장 높은 영적 의식의 중심인 일곱 번째 연꽃의 광채와 혼동되어서는 안 된다. 제2장, 수뜨라 50을 참조하라.

34. 순수한 삶을 살아감으로 자연스럽게 깨달음을 얻은 사람의 마음에 이 모든 지식의 힘들이 올 수 있다.

마음이 아주 높은 정화 상태에 이르렀을 때, 어떤 삼야마를 하지 않고도, 초자연적 힘(통찰)들이 자연적으로 올 수도 있다.

35. 가슴을 삼야마함으로써, 마음의 내용(물결, 경향성)들에 대한 지식이 얻어진다.

36. 삿뜨와 구나(순수한 지성)와 아뜨만(영혼)의 즐거움은 전적으로 다르다. 삿뜨와는 그저 아뜨만의 대행자일 따름이다. 아뜨만은 스스로 존재한다. 그들 간의 차이를 삼야마 함으로써 아뜨만에 대한 지식이 얻어진다.

일상적 의식의 상태에서, 우리가 알 수 있는 가장 큰 즐거움은 삿뜨와의 구나에 의해 고무되는 기쁨이다. 이것은 무지 때문에 우리에게는 순수한 아뜨만의 기쁨과 동일한 것처럼 보인다. 하지만 그렇지 않다.

삿뜨와는 가장 순수한 상태에 있어도 여전히 구나이다. 삿뜨와적인 기쁨은 여전히 상당한 이기주의를 포함하고 있다.

우리가 이해해야 하는 것은 구나들은 단지 아뜨만의 대리인이라는 것이다. 삿뜨와적인 기쁨은, 이기주의가 없고 구나와는 완전히 독립적인 아뜨만의 기쁨에 대한 흐릿한 반사일 뿐이라는 것이다.

이 삼야마를 하고 아뜨만과 삿뜨와 간을 구별함으로써, 요기는 세상적인 즐기는 것을 넘어 아뜨만 그 자체에 대한 기쁨으로 간다.

37. 자연스러운 깨달음으로 지식을 얻고 그리고 미세한 청각, 촉각, 시각, 미각, 후각을 얻는다.

38. 이 힘(싯디)들은 세상에서는 힘이지만, (마음을 바깥으로 데려가기 때문에) 사마디를 얻는 데는 장애물들이다.

39. (사마디의 배양으로) 몸에 대한 까르마의 굴레가 느슨해지고 그리고 다른 사람의 신경 흐름들의 작용에 대한 지식을 가지면, 그의 몸에 들어갈 수 있다[40].

"요기는 죽은 몸 안으로 들어가 그것을 일으켜 움직이게 할 수 있다. 아니면 그는 살아있는 몸 안으로 들어가서 그 사람의 마음과 기관들을 억제해서hold 얼마 동안 그 사람의 몸을 통해 행동할 수 있다."라고 비베까난다는 말한다.

---

40   요가난다는 매일 자신의 제자들의 몸 안으로 들어가곤 했다(Swami Kriyananda).

이것은 샹까라에 대한 이야기를 상기시킨다. 샹까라가 아직 십 대 소년이었을 때, 만단 미슈라라고 하는 철학자가 있었다. 그는 가정 거주자의 삶이 수도승의 삶보다 훨씬 더 뛰어나다고 여겼다. 그것은 인도 전체에 널리 퍼져 있는 생각이었다.

샹까라는 만약 그가 미슈라를 변하게 할 수 있다면 그의 많은 제자들도 변하게 할 수 있으리라 생각하고 미슈라와 토론하기로 마음먹었다. 상당한 어려움을 겪은 후, 그는 미슈라가 이것에 동의하도록 만드는 데 성공했다.

만약 샹까라가 진다면 그는 가정 거주자가 되어야 하고, 미슈라가 진다면 그는 수도승이 되어야 한다는 것이 합의되었다. 샹까라의 제안으로 미슈라의 아내인 유명한 학자 바라띠가 심판을 봤다.

며칠간의 토론 후에, 미슈라가 완전한 패배를 인정할 듯했다. 그러나 바라띠가 샹까라에게 말했다. "기다려보세요. 남편과 아내는 한 사람입니다. 당신은 단지 우리들 중의 반만 이겼어요. 이제 당신은 나와 토론해야 합니다.

당신은 철학에 대해서는 아주 잘 알 것 같으니 다른 주제를 택하겠습니다. 나는 성^{sex}을 택하겠습니다. 그것은 위대한 과학입니다. 당신은 우리 중의 누구든 당신의 제자들이라고 주장할 수 있기 전에, 나와 토론해서 그 주제에 대해 나를 이겨야 할 것입니다."

샹까라는 잠시 당황했다. 수도승이자 한낱 소년으로서 그는 성에 대해서는 아무것도 몰랐다. 그러나 한 가지 계획이 생각났다. 그는 한

달 동안의 연기를 요청했다. 바라띠는 이것을 받아들였다.

이 시기에 아마라까라는 왕이 죽어가고 있었다. 샹까라는 자신의 제자들에게 그의 몸을 안전한 곳에 숨기고 그것을 잘 돌보라고 말했다.

그런 다음, 요가의 힘으로 그는 자신의 몸을 떠나 방금 죽은 왕의 몸 안으로 들어갔다. 아마라까는 겉으로 보기에 다시 살아났고, 샹까라의 지도 아래 계속해서 왕국을 다스렸다.

샹까라-아마라까는 모두의 존경을 얻었으며 명석하고 공정한 지도자임을 입증해 보였다. 그러나 아마라까의 두 아내는 이상한 일이 일어났음을 곧 알아차렸다.

새로운 아마라까는 놀랍도록 젊은 에너지를 보여줬을 뿐만 아니라 그는 아기처럼 성적인 사랑에는 무지한 것처럼 보였기 때문이다.

그러는 동안 왕의 신분과 가정생활에 대한 몰두는 샹까라의 마음을 흐려놓기 시작했다. 그는 자신이 무엇을 했는지, 왜 그것을 했는지, 그리고 그가 누구인지를 잊어버리기 시작했다. 그는 자신이 진짜 아마라까이며 샹까라가 아니라고 믿기 시작했다.

샹까라의 제자들은 이것에 대해 들었다. 수도승들은 궁에 들어가는 것이 허용되지 않았기 때문에, 그들은 떠도는 악사로 변장해서 그의 앞에 나갔다. 그런 다음 그들은 샹까라가 직접 지은 "모하 무드가람" 즉 "망상의 흩어짐"이라는 시를 읊기 시작했다.

"사랑하는 이여, 세상의 방법들은 기이하고 그대의 무지는 아주 크도다.

"그대의 아내는 누구이고, 그대의 아들은 누구인가? 그대는 누구의 것인가?

"그대는 어느 곳으로부터 왔는가?

"가슴속으로 이것을 곰곰이 생각하고 신께 경배하며 절하라."

그 말들은 샹까라가 자신의 진짜 정체감을 자각하도록 회상시켜 주었다. 샹까라가 그것을 떠나 자신의 몸으로 돌아가자, 아마라까 왕의 몸은 죽어서 쓰러졌다.

후에, 샹까라가 미슈라의 집에 나타났을 때, 바라띠는 그녀 역시 요가의 힘들을 가지고 있었기에, 그가 한 일이 어떤 것이었는지를 즉시 알았다. 바라띠는 더 논쟁하지 않고 패배를 인정했다.

40. 몸의 윗부분을 관장하는 신경의 흐름(우다나 바유)들의 통제로, 물과 늪 또는 가시 같은 물체들 위를 걸을 수도 있으며, 의지대로 죽을 수도 있다.

41 쁘라나를 지배하는 힘의 통제(균형을 잡아주는 에너지인 사마나 바유)로 몸에서 밝은 빛이 날 수도 있다.

이것은 생명 에너지 즉 쁘라나의 다양한 기능들을 규제하는 힘이다.

슈리 라마크리슈나의 형제-제자들 중 한 명은 실제로 이 힘을 가지고 있었다.

그는 어두운 밤에 라마크리슈나를 위해 길을 밝혀주려고 그것을 한 번 사용했다는 기록이 있다. 그러나 그것은 그를 위험한 자기 본위로 만들고 있었기 때문에 라마크리슈나는 나중에 그로부터 그 힘을 없애야만 한다는 것을 알았다.

42. 귀와 에테르(공간)의 관계를 삼야마를 함으로써, 초자연적인 청각을 얻을 수도 있다.

43. 몸과 에테르와의 관계를 삼야마를 함으로써, 혹은 솜털 같은 가벼움을 명상함으로써, 요기는 공간을 날 수 있다.

44. 마음이 몸으로부터 분리될 때 그 상태는 위대한 몸 없음이라고 불리는데, 그때 마음의 생각의 파도들을 삼야마 함으로써, 모든 덮개들(따마스와 라자스의 덮개들)이 없어지고 지식의 빛(삿뜨와의 빛)이 드러날 수 있다.

수뜨라 39처럼, 이것은 다른 사람의 몸으로 들어가도록 만들기 위해 몸으로부터 마음을 거둬들이는 요가의 힘을 나타낸다.

이 철회의 상태 즉 "몸 없음의 위대함"에서, 라자스와 따마스로 된 마음의 덮개들이 약해지고 삿뜨와의 빛이 드러난다.

45. 몸의 거친 그리고 미세한 원소들, 그것들의 정수 그리고 그것들이 주는 경험들을 삼야마 함으로써 그것들에 대한 통달을 얻는다.

46. 그래서 원자만큼 작아지는 등과 같은 모든 힘들을 얻는다. 또한 원소들에 더 이상 영향을 받지 않는 완전한 몸을 얻는다.

요기는 원자만큼 작아질 수 있을 뿐만 아니라 산처럼 커질 수도 있고, 납처럼 무거워지거나 공기처럼 가벼워질 수도 있다.

그리고 원소들은 그를 방해하기를 멈춘다. 그는 바위를 통과할 수도 있다. 그는 불 속에서 타지 않고 손을 둘 수도 있다. 젖지 않고 물 위를 걸을 수도 있다. 그는 허리케인에도 꿋꿋이 서 있을 수 있다.

47. 완전한 몸이란 아름다움, 우아함, 강함 그리고 벼락같은 단단함(견고한 근육)을 지니는 것을 의미한다.

48. 감각이 감각 대상들을 지각했을 때의 변형, 감각 기관들의 밝게 하는 힘, 자아와의 관계, 감각 기관들을 구성하고 있는 구나들 그리고 그것들이 개인에게 제공하는 경험들을 삼야마 함으로써 감각 기관들의 통달을 얻는다.

49. 그것으로부터 몸은 생각만큼 빨리 움직이는 힘을 얻고, 감각 기관들의 도움 없이 기능하는 능력 그리고 쁘라끄리띠에 대한 완전한 통달을 얻는다.

수뜨라 48은 인지 행위의 모든 독립된 양상에 관해 꾸준히 진행되는 삼야마를 설명한다.

수뜨라 49에서 언급된 몸의 범위들 밖에서 감각 기관들을 사용하는 힘은, 사람이 투시력과 투청력을 행사하게 해 준다.

최초의(primal) 원인인 쁘라끄리띠의 통달은 요기에게 쁘라끄리띠로부터 진화된 모든 결과들에 대한 통제 즉, 자연의 통제를 준다.

50. 삿뜨와 구나(붓디)와 아뜨만의 분별을 삼야마함으로써 전능과 전지가 얻어진다.

이 구별은 이 장의 수뜨라 36에서 이미 논의되었다.

51. 이런 힘(싯디)들조차 포기함으로써 악(굴레)의 씨앗이 파괴된다. 그래서 해방(까이발야)이 얻어진다.

"악의 씨앗"은 무지이다. 무지 때문에 사람은 그가 아뜨만이라는 것을 잊어버리고, 스스로 사적이고 개별적인 자아-성격을 만든다.

이 자아-성격은 그것의 욕망들을 만족시키고 외부의 자연에 대한 소유권과 힘들을 얻는 것에 열중한다. 자아의 관점에서는 모든 힘들 중에서 초자연적 힘이 가장 가치 있는 것이다.

초자연적인 힘들 중에서는 빠딴잘리가 이전 수뜨라에서 언급했던 전능 그리고 전지함이 분명 가장 위대하다.

이런 힘들조차도 손에 넣었지만 그럼에도 불구하고 그것들을 버린 요기는 자아의 최후의 유혹을 거절했다. 이후로, 그는 속박에서 자유로워진다. 예를 들어, 그리스도는 광야에서 사탄이 그에게 준 초자연적 힘들을 거절했다.

52. 비록 높은 곳(천상)의 존재들이 유혹(감탄)하더라도 받아들이거나 자랑하지 않아야 한다. 왜냐하면 다시 무지(자아)에 떨어질 위험이 있기 때문이다.

"높은 곳에 있는 존재들"은 이미 언급한 제1장, 수뜨라 19에 보이는 타락한 요기들이다. 그들은 몸을 벗은 하위의 신들의 상태에 이르렀거나 자연의 힘들에 합쳐진 이들이다.

그런 존재들은 초자연적 힘들의 유혹에 굴복했기 때문에 정확히 해방을 찾는 것에 실패했다. 그래서 그들은 이런 유혹을 극복하려는 것처럼 보이는 자들을 질투해서 그들을 다시 무지로 끌어들이려고 애쓴다고 말해진다.

비야사에서의 빠딴잘리의 수뜨라들에 대한 주석에서, "높은 곳에 있는 자들"에 의해 요기에게 주어진 유혹들이 기이하지만 강력하게 다음과 같이 묘사되어 있다.

"선생님, 여기 앉으시겠습니까? 여기에서 쉬시겠습니까? 당신은 이 즐거움을 누릴 수 있습니다. 당신은 이 아가씨가 매력적인 것을 발견할 수도 있습니다. 이 영약은 노화와 죽음을 없애줄 것입니다. 당신은 이 전차로 공중을 날아갈 수 있습니다. 저기에는 모든 소원을 들어주는 나무들이 있습니다. 천상의 물줄기가 당신에게 행복을 줄 것입니다. 저 현자들은 모든 것을 압니다. 이 님프들은 비길 데 없이 아름답습니다. 당신은 그들에게서 냉혹함을 발견하지 못할 것입니다. 당신의 눈과 귀는 초자연적으로 예민해지고, 당신의 몸은 다이아몬드처럼 빛날 것입니다.

"당신의 기품 있는 미덕들로 말미암아, 존경하는 선생님, 당신은 이 모든 보상들을 받을 자격이 있습니다. 언제나 변함없고, 노화도 없고, 죽음도 없으며 신들에게 소중한 이 천국으로 들어가십시오."

이렇게 유혹을 받으면, 요기는 다음과 같이 대답하라는 조언을 듣는다.

"나는 무시무시한 환생의 장작불들로 구워졌다. 나는 재탄생과 죽음의 어둠 속에서 몸부림쳤다. 이제 마침내 나는 무지의 그림자를 쫓아낼 요가의 등불을 발견했다. 그렇다면 이 빛을 본 내가 어떻게 감각적인 것들에 의해 다시 한번 잘못된 길로 갈 수 있겠는가?"

위대한 힌두 스승들은 모두 요기의 영적 발전이 외부의 힘 즉 몸을 벗은 하위의 신들, 마음의 또는 미세한 물질계에 있는 존재들, 또는 세상적인 영들에 의해 간섭받지 않을 수 있다고 믿었다. 그리고 이 믿음은 다음과 같이 시작하는 전통적인 힌두의 의식적 예배로 나타내진다.

첫째, 숭배자는 어디에서나 신의 존재를 모든 곳에 퍼져 있는 존재로 느끼도록 해야 한다.

그런 다음에는 그는 자신의 감각의 문들을 닫고, 신이 살고 있는 자기 자신의 가슴속의 성지로 들어갔다고 느껴야 한다. 그는 이렇게 말해야 한다.

"사람이 눈을 크게 뜨고 그의 앞에 있는 하늘을 보는 것처럼, 보는 자seer들은 신의 지고한 진리를 항상 본다." 그는 자신이 이미 영적 시각의 이 힘을 얻었다고 상상하도록 노력하면서, 그는 이제 자신이 보통 하듯이 만뜨람을 반복하면서 눈을 뜬다.

그는 자신이 보는 모든 것에서 신의 존재를 보고, 만뜨람의 힘에 의해 몸을 벗은 하위의 신들이 만들어낸 장애물들이 제거된다는 것을 알려고 애쓰면서 그를 보아야 한다.

다음에는 그는 모든 초감각적 지각 장애물들을 제거하는 신의 보호의 힘을 소환하면서, 약간의 물을 마치 초자연적 영역으로 뿌리는 것처럼, 공중으로 곧바로 한 숟가락의 물을 뿌려야 한다.

마지막으로, 오른손 엄지와 검지 사이에 쌀을 조금 집어서, 이렇게 말하면서 그것을 원 모양으로 흩뿌려야 한다. "세상에 묶여 있는 영과 장애물들을 만든 영들이 쉬바 신의 뜻에 의해 사라지기를."

세상에 묶여 있는 영들은 자살을 한 사람들의 영이라고 말해진다. 그들은 세상에 묶여 있다. 왜냐하면 그들은 그들의 행위에 의해 거부하려고 애썼던 까르마를 여전히 처리해야 하기 때문이다.

숭배자들은 그들이 현재의 형태로부터 풀려나기를 그래서 자유를 향하여 발전하도록 자유로워지기를 기도하고 있다. 가끔은 세상에 묶인 영들을 달래기 위해 음식을 주기도 한다. 그러면 그들은 그 장소를 떠나거나 혹은 무례가 되지 않을 거리에 남아서 방해하지 않고 숭배를 지켜본다고 한다.

이런 예비 단계의 의식들을 행한 후에야 숭배자는 그가 선택한 신 Deity에 대한 직접적인 의식의 숭배를 진행할 수 있다.

어떤 지점까지는 유혹이 영적 성장과 함께 증가한다. 수행자가 단순한 초보자이기를 끝내고 어떤 신비한 경험을 하게 되면, 그의 성격은 매력적이게 된다.

그는 자신이 다른 사람들에게 심리적인 힘과 성적 매력 또한 행사할 수 있다는 것을 알게 된다. 동시에 그의 감각들은 더 예민해지고 더 즐길 수 있다. 그것은 그로 하여금 자신의 원래 목적을 잊어버리게 만들 것이다.

자신의 성품 안에서 보이는 신과 같은 특성 때문에 그에게 끌리는 바로 그 사람이 신으로부터 자신을 점차적 멀어지게 하는데 가장 책임이 있다.

그러나 슈리 크리슈나는 우리에게 말한다(기따, 6장 40절).

"브람만으로 가고 있는 자는 누구도 이 세상에서나 다음 세상에서나 악한 최후를 맞지 않는다." 그런 실수가 일어날 때라도, 영적 수행자는 결국 그의 길로 찾아가는 방법을 찾을 것이다. 그를 그것으로부터 유혹했던 자들 또한 그와의 교제로부터 어느 정도의 영적 혜택을 얻었으리라는 것을 우리는 믿을 수 있다.

53. 순간들과 시간에서의 그것들의 연속을 삼야마 함으로써, 분별하는 지식이 온다.

"순간"이란 나눌 수 없는 단위 즉 상상할 수 있는 가장 짧은 시간을 의미한다. 순간은 빠딴잘리에 의하면 대상으로 간주된다.

그것은 개, 다이아몬드, 또는 나무처럼 외부 현상의 체계에 속한다. 그러나 순간들의 연속성, 다시 말해서 우리가 "시간"이라 부르는 것은 바깥에서 보이는 대상과 같은 것이 아니다. 그것은 단지 우리의 마음들 즉 생각에 의해 만들어진 구조일 뿐이다.

한 순간들과 그것들의 시간에서의 연속성을 삼야마를 함으로써, 요기는 전체 우주가 각각의 순간들 안에서 변화를 겪는다는 것을 깨닫게 된다. 그러므로 그는 우주의 성질이 일시적임을 이해한다.

이 이해는 분별하는 지식이 의미하는 바이다. 요기의 마음은 "시간"의 환영에 영향을 받지 않기 때문에, 그는 자신의 경험들의 진정한 성품을 이해할 수 있다. 시간을 연속성들로 생각하는 나머지 우리들은 다음 또 다음으로 순간의 감각들을 마음으로 넘겨 계속해서 우리의 감각들을 일반화하고 있다.

실제로는 우리가 2:15, 2:37, 3:01 등등의 시간에만 슬펐을 때, 우리는 "나는 오후 내내 슬펐다"라고 말한다. 이렇게 우리는 스스로를 속일 뿐만 아니라 많은 상상의 고통도 경험한다.

시간의 연속성을 깨뜨리고 당장의 각 순간에 일어나는 것에만 집중함으로써 고문을 견뎌내는 선종의 기법이 있다. 이런 식으로 괴로움은 그것의 연속성을 빼앗겨서 훨씬 더 참을만하게 만들어질 수 있다.

왜냐하면 괴로움은 대개 과거 고통에 대한 우리의 기억과 미래에 반복되는 고통에 대한 두려움으로 이루어지기 때문이다. 이 기억과 이 두려움은 시간 연속성의 의식에 의존하기 때문이다.

54. 그와 같은 분별의 지식으로 같은 종들에서, 같은 특징들에서, 혹은 같은 곳에 사는 것 등으로 잘 구분이 되지 않는 거의 비슷한 대상들을 분별할 수 있다.

완전히 비슷한 즉 새로 주조된 동전 두 개를 가지고 있는데, 먼저 하나를 보여 주고 그다음엔 다른 것을 보여준다고 생각해 보라. 그런 다음 등 뒤에서 그것들을 바꾸고 다시 보여준다고 하자.

빠딴잘리에 의하면 이 삼야마를 한 요기는, 당신이 그에게 어느 동전을 먼저 보여 줬는지를 정확히 말할 수 있을 것이다.

물론 이 분별력의 영적 가치는 후자가 아무리 기만하다 해도, 아뜨만과 아뜨만이 아닌 것 즉 외적인 나타남을 항상 구분할 수 있는 자신의 능력에 있다.

55. 이 분별하는 지식(순수한 직관)은 무지의 굴레부터 구해준다. 그것은 모든

것들을 매 순간과 매 상황에서 이해할 수 있도록 해준다.

감각 지각에 바탕을 둔 평범한 지식은 연속적 사건이다. 우리는 주어진 대상에 대해 하나의 사실을 배우고, 그 다음에 또 하나의 사실을, 그런 다음에 점점 더 많은 사실들을 배운다.

하지만 식별하는 지식을 가지고 있는 요기는 대상들을 완전히 그리고 즉각적으로 이해한다.

예를 들어, 만약 그가 어떤 사람을 만난다면, 그는 아기, 청년, 성인, 노인으로서의 그의 과거와 미래의 변화들을 한 번에 안다.

그런 지식은 무한하다. 그것은 시간이 아니라 영원 안에 있다. 그것은 사람을 까르마와 무지의 속박에서 구해낸다.

56. 마음이 아뜨만과 동일한 정도로 순수해지면 그는 완성(까이발야, 절대성)을 얻는다.

마음속의 모든 생각의 물결들이 잠잠해졌을 때, 마음은 단지 순수하고, 분화되지 않은 의식만을 가지고 있다.

이 상태에서, 마음은 아뜨만과 하나이다.

슈리 라마크리슈나는 이렇게 말하곤 했다. "순수한 마음과 아뜨만은 동일하다."

제4장

해방

1. 초자연적인 힘들은 전생의 수행들, 특별한 허브, 만뜨라의 반복, 고행들의 수행 혹은 집중(사마디)에 의해서 얻어진다.

어떤 사람들은 이전 삶들에서 분투한 것의 결과로 초감각적 지각의 힘들을 가지고 태어난다. 단지 초감각적 지각의 힘들만이 아니라, 진짜 영적 재능도 가지고 태어난다.

그런 사람들은 모든 인간들 중에서 가장 신비하며, "타고난" 성자들이다. 그들은 심지어 어린 시절에도 신에 대한 지식과 사랑으로 가득차 있다. 그들은 세상적인 것의 유혹에 영향을 받지 않고 자라는 것 같다.

바가바드 기따(6장 37)에서, 아르주나는 묻는다. "진지한 믿음은 가지고 있지만 마음을 통제하지 못하여 완성을 얻는데 실패한 사람은 어떻게 됩니까?"

슈리 크리슈나는 대답한다(41, 44). "비록 사람이 요가의 수행에서 벗어난다 해도, 그는 여전히 선행을 한 자들이 사는 천상을 얻어 오랫동안 그곳에서 살 것이다.

그 후에, 그는 순수하고 부유한 부모의 가정에서 다시 태어날 것이다... 그러한 탄생을 가진 후에 그는 이전의 몸으로 획득했던 그 영적 지식을 되찾고는 깨달음을 얻기 위하여 이전보다 더욱 노력할 것이다. 이전 생애에서의 수행으로 인해, 그는 자신도 모르게 브람만과의 합일로 나아가게 될 것이다."

어떤 약물들은 비전들을 만들 수도 있다. 그러나 이것들은 언제나 초감각적 지각의 힘인 것이다. 일반적으로 생각되는 것처럼 영적인 것은 아니다. 게다가, 그것들은 오래 계속되는 영적 메마름과 불신을 야기할 수 있고 뇌에 영구적인 손상을 줄 수도 있다.

우리가 들어왔듯이, 신성한 말이나 만뜨람들의 반복은 영적 발전에 있어서 아주 유용한 도움이다. 또한 초감각적 지각의 힘들을 만들어내는 특별한 만뜨람도 있다.

고행들의 수행은 수행자의 의지력을 엄청나게 강화시킨다. 이렇게 해서 초감각적 지각의 힘들 또한 얻어질 수 있다.

그러나 집중은 초감각적 지각의 힘들을 얻는 모든 방법들 중에서 가장 확실한 것이다. 이것은 이전 장에서 철저하게 논의되었다.

2. 자연(쁘라끄리띠)이 흘러들어옴으로써 한 종에서 다른 종으로의 변형이 일어난다.

3. 좋고 나쁜 행위들은 변형의 직접적인 원인들이 아니다. 농부가 수로의 장애물들을 제거하면 물이 흘러들어오듯이, 그것들은 자연적인 진화의 장애물들을 없애는 역할만을 한다.

여기에서 빠딴잘리는 농업의 예를 통해 힌두의 종의 진화 이론을 설명한다. 저수지로부터 자신의 밭에 물을 대는 농부는 물을 끌어올 필요가 없다. 물은 이미 거기에 있다.

농부가 해야 할 일이란 수문을 열거나 댐을 터뜨리는 것이 전부이다. 그러면 물은 자연적인 중력의 힘에 의해 밭으로 흘러 들어간다.

빠딴잘리에 따르면 "물"은 우리들 각자 안에 있다. "저수지"로부터 방출되기만을 기다리고 있는 진화의 힘이다. "수문을 여는" 우리의 행위로, 물은 밭으로 흘러 들어간다. 작물이 결실을 맺는다. 그로 인해 변형된다. 다른 말로 하면, 다음 재탄생의 형태가 결정된다.

"모든 발전과 힘은 이미 모든 사람 안에 있다." 비베까난다는 말한다.

"완벽은 모든 사람의 본성 안에 있다. 단지 그것은 가두어져 있고 적절하게 순리대로 흘러가지 못하도록 방해되고 있을 뿐이다. 만약 누군가 그 빗장을 치운다면, 자연은 몰려든다."

저수지의 이미지를 계속 따르면, 악행을 행하는 것과 그에 따른 나쁜 까르마의 축적은 댐의 엉뚱한 곳을 무너뜨려서, 그로 인해 밭을 망치고 흉하게 만들게 될 끔찍한 범람을 일으키는 것과도 같다.

이런 일이 일어난다면, 물은 아무런 잘못이 없다. 물은 제대로 인도되어야 한다. 그것에 대해서는 농부에게 전적으로 책임이 있다.

고대 힌두와 현대 서양의 진화 이론 사이에는 근본적 차이가 있는 것으로 보일 것이다. 비베까난다가 적듯이, "현대에 발전된 두 가지 진화의 원인, 즉 성적 선택과 적자생존은 적절하지 않다. 인간의 지식이 몸의 유지를 획득하는 기능과 짝을 얻는 기능 둘 다에서 경쟁을 없앨 정도로 발전했다고 가정하자. 현대에 의하면, 인간의 발전은 멈출 것이고 그리고 인간 종족은 사라질 것이다.

그러나 빠딴잘리는 진화의 진정한 비밀은 모든 존재가 이미 가지고 있는 완벽의 현현이라고 말한다. 이 완벽이 가로막혀 왔고, 그 뒤에 있는 무한의 물결이 스스로를 드러내려고 안간힘을 쓰고 있다고 주장한다.

모든 경쟁이 멈추었을 때도, 뒤에 있는 이 완벽은 우리 모두가 완벽에 이를 때까지 우리를 앞으로 나아가게 만들 것이다. 그러므로 경쟁이 발전에 꼭 필요하다고 믿어야 할 아무런 이유가 없다.

동물 안에는 사람이 억압되어 있었지만, 문이 열리자마자 사람은 뛰쳐나왔다.

따라서 사람 안에는 무지의 자물쇠와 빗장에 의해 가두어진 잠재적인 신이 있다.

지식이 이 빗장을 부술 때, 신은 나타나게 된다.

4. 오로지 자아(asmita, I am ness)만이 마음들을 만들 수 있다.

5. 수많고, 다양한 마음의 활동들이 있을지라도, 하나의 마음(자아)이 그 모두를 통제한다.

제1장, 수뜨라 17에서 보듯이 개별적인 마음을 만들어내는 것은 자아 감각이다. 원래의 것 주위를 위성처럼 공전하는 것처럼, 이 자아 감각이 부수적인 마음들을 만들어낼 수 있어야 한다는 것은 이론적으로 명백하다.

그 생각은 요기가 자신의 모든 까르마를 더 빨리 소진시키기 위해 여러 마음과 몸들을 가지기를 바랄 수도 있다는 것이다.

그러나 이 계획에 대한 타당성은 의심스럽다. 성적 즐거움에 대한 갈망을 이런 식으로 소진시키기를 바라며 스스로 많은 몸들을 만들어 낸 왕의 이야기가 있다.

하지만 결국 그는 이렇게 말하며 그 시도를 포기했다. "몸은 절대 만족을 주는 것에 의해 충족되지 않는다. 그것은 기름을 부은 불처럼 점점 더 타오를 뿐이다."

빠딴잘리는 다음 경구에서 이것을 인정하는 듯하다.

6. 여러 유형들의 마음 중에서, 사마디에 의해 정화된 마음만이 까르마의 모든 잠재 인상과 갈망들로부터 자유롭다.

다른 말로 하면, 까르마는 단순한 경험의 포만감에 의해서가 아니라 오직 영적 깨달음에 의해서만 소진될 수 있다.

7. (깨달음을 얻은) 요기의 까르마는 희지도 검지도 않다. 다른 이들의 까르마는 세 가지 즉 흰색, 검은색, 또는 섞인 것 중 하나다.

평범한 사람들의 까르마는 검은색(나쁜 것), 흰색(좋은 것), 또는 섞여 있다.

그러나 사마디에 이르면, 그의 행위는 어떤 종류이든 그 자신을 위한 까르마를 만들어내는 것을 멈출 것이다. 제1장, 수뜨라 18을 참조하라.

그럼에도 불구하고, 깨달음을 얻은 요기는 계속해서 행위 하기 때문에 까르마는 만들어지고 있다. 그것들 중에는 심지어 약간의 악한 혼합물이 있을 수도 있다.

누가 이런 까르마를 갖는가?

샹까라는 이 질문에 대한 흥미로운 대답을 내놓는다. 그는 깨달음을 얻은 요기를 사랑하는 사람들은 그의 까르마들의 좋은 결과들을 받을 것이고, 반면에 그를 미워하는 사람들은 나쁜 결과들을 받을 것이라고 말한다.

하지만 화신 즉 신의 현현의 경우는 그렇지 않다.

크리슈나, 그리스도 또는 라마크리슈나와 같은 화신은 신이 인간의 몸으로 나타난 것이다. 그들은 이전 탄생들에서의 까르마들에 의해서 그렇게 된 것이 아니라, 은총과 신성한 자유 의지로 이 세상으로 들어온 것이다.

그들은 까르마들이 없이 이 세상으로 온다. 이 세상에서의 그들의 행위는 아무것도 낳지 않는다.

그러므로 그들의 까르마의 결과들은 좋은 것이든 나쁜 것이든 다른 사람들에 의하여 받아들여질 수 없다.

힌두의 종교 문헌에는, 신이나 화신을 미워했던 사람들에 대한 많은 이야기가 있다. 헤롯이 아기 예수를 죽이려 했던 것처럼, 깜사는 아기 크리슈나를 죽이려고 했었다. 쉬슈빨은 크리슈나와 싸웠다. 라바나는 라마와 싸웠다.

이 모든 경우들에서, 이 사람들은 해방을 얻었다. 이것은 기독교인에게 이상하게 들릴 수도 있다.

하지만 여기서 요점은 강렬한 느낌의 영적 가치이다. 화신을 사랑하는 것이 가장 좋지만 그에게 무관심한 것보다는 열렬히 미워하는 것이 더 낫다. 언제나 그렇듯이 무관심은 가장 나쁜 죄이다.

라자스는 영적으로 따마스보다 더 높다. 우리는 라자스를 거쳐서 삿뜨와에 이를 수도 있다. 증오를 거쳐서 사랑을 발견할 수도 있다. 그래서 단테가 유다 이스가리옷을 지옥의 가장 아래에 두었는데, 고대 힌두인들은 그의 관점에 동의하지 않았을 것이다.

8. 세 종류의 까르마들은 경향성(잠재인상)들을 남긴다. 조건들이 우호적이면 그것들은 (어느 화신 때이든) 나타난다.

어떤 특정 현현에서, 사람의 조건은 그의 까르마들의 균형에 의해서 정해진다.

그 균형이 아주 알맞다고 가정하면, 그는 태어나 수도승과 영적 스승이 된다.

그는 덜 유리한 조건들 아래에서는 나쁜 경향성들을 만들어낼, 약간의 나쁜 까르마들도 여전히 지니고 있을 것이다.

하지만, 그는 자신의 소명에 따라 살고 제자들에게 좋은 본보기를 보이기 때문에, 이런 경향성들은 보류되고, 오직 좋은 경향성들만 표현될 것이다.

그래서 이 수뜨라는 좋은 환경, 그리고 영적인 마음을 가진 사람들과의 교제의 중요성을 강조하고 있다.

만약 개로 태어난다면, 당신은 여전히 좋은 경향성들을 가지고 있지만, 그것들은 개라는 당신의 조건에 의해 크게 제한받을 것이다. 당신은 자신의 동물적 성품에 맞춰 행동해야 한다.

9. 과거 경향성들에 대한 우리의 기억 때문에, 인과의 연쇄는 종들, 공간(위치)들 및 시간의 변화들로 깨트려지지 않는다.

빠딴잘리는 "기억"이라는 말은 의식적인 기억이 아니라, 과거 삶들에서 받은 인상들과 우리의 현재 삶의 행위와 생각들의 무의식적인 공동 작업을 뜻한다.

까르마 즉 원인과 결과의 사슬은 확실히 지속된다.

만약 많은 환생들의 과정에서, 우리가 동물에서 인간으로, 또는 인간에서 인간이 아닌 유형의 존재로 종을 바꾸어도, 우리의 까르마는 여전히 계속해서 작동할 것이다.

하지만, 앞의 수뜨라에서 주목했듯이, 우리의 종들과 상황에 적합한 그런 경향성들만 어느 한 생애에서 나타날 것이다.

나머지는 그것들에 적합한 또 다른 종들과 상태로 환생할 때까지 보류되어 있을 것이다.

10. 존재하고자(살고자) 하는 욕망이 항상 있기에, 우리의 경향성들은 아무런 시작을 가질 수 없다.

이미 배웠듯이, 힌두 철학은 창조와 소멸을 시작도 없고 끝도 없는 과정으로 생각한다.

까르마는 항상 작동해왔고, 항상 경향성들을 만들어왔다. 근원의 행위라는 것은 없다. 우리가 현상의 수준에서 존재하고자 하는 이 욕망을 잊고 우리의 영원한 본성인 아뜨만을 깨달아서 까르마로부터 우리 자신을 해방시킬 수 있는 것은 오직 개인들로서 이다.

우주의 모든 개인이 해방을 이루었다고 생각해보라, 우주는 존재하기를 그칠 것인가? 우리는 여전히 시간 안에 있기 때문에, 우리들 중 어느 누구도 그 질문에 대답할 수 없다. 실제로 그 질문은 제대로 질문되어질 수 없다.

왜냐하면 현상의 우주는 과거에서 미래로 끊임없이 변화하고 있기 때문이다.

반면 아뜨만은 영원히 "지금"이다. 시간에 매어 있는 인간의 마음이 이런 말을 할 수 있다 하더라도, 그것이 정말로 무엇을 의미하는지를 아는 것은 가능하지 않을 것이다.

11. 우리의 잠재적 경향성들은 원인과 결과에 의존한다(달려있다). 그것들의 바탕은 마음이다. 그것들은 감각 대상들에 의하여 자극(촉발)된다. 이 모든 것들이 제거되면, 경향성들은 파괴된다.

까르마는 어떤 원인이 존재하는 한에만 작동하고 또 다른 경향성들을 만들 수 있다.

제2장, 수뜨라 3에서 보이는 이 원인들은 무지, 이기주의, 집착, 혐오, 삶에 매달리려는 욕망이다.

제2장, 수뜨라 13에서 기술하고 있는 이 원인의 결과들은 재탄생, 길거나 짧은 삶, 즐거움과 고통의 경험이다.

기본적으로 까르마는 아뜨만에 대한 무지에 뿌리를 두고 있다. 이 무지를 제거하라. 그러면 당신은 까르마를 파괴하게 될 것이다.

스웨따스바따라 우빠니샤드는 말한다. "이 광대한 우주는 바퀴이다. 이 바퀴 위에는 탄생, 죽음, 재탄생에 영향을 받는 모든 생명체들이 있다. 그것은 빙글빙글 돌아가고 있다. 그것은 절대 멈추지 않는다. 이것이 바로 브람만의 바퀴이다.

개별적 자기가 자신이 브람만과 별개라고 생각하는 한, 그는 바퀴 위에서 돈다.

하지만 브람만의 은총을 통해 자신이 브람만과 동일함을 깨달을 때, 그는 더 이상 바퀴 위를 선회하지 않는다. 그는 불멸을 성취한다."

12. 과거라 부르는 모습과 표현 그리고 미래라 부르는 모습과 표현은 대상 내에 늘 존재하고 있다. 모습과 표현은 과거 현재 미래라는 시간에 따라 다르다.

13. 그것들은 구나들의 성품에 따라 나타난 모습으로 있거나 미세한 모습으로 있다.

14. 구나들은 각 모습과 표현 내에 함께 작용하기 때문에, 모든 것들 내에 통합이 있다.

기따(2장 16)는 가르친다. "존재로 있지 않는 그것은 결코 존재로 들어오지 않으며, 있는 것은 결코 있기를 그치지 않는다."

어떤 대상의 형태와 표현들은 변할 수 있다. 그러나 형태와 표현의 이 모든 변화들은 존재하고 있으며, 그리고 대상 안에 잠재적으로 존재하기를 계속할 것이다.

과거와 미래는 나타나지 않은 미세한 형태로 대상 안에 존재한다. 우주의 아무것도 사라지지 않는다.

모든 대상들은 구나들의 복합체이다.

구나들은 거친 현현, 다시 말해, 눈에 보이고 만질 수 있는 대상을 내놓을 수도 있다. 또 그것들은 감각에 분명하지 않은 미세한 현현을 내놓을 수도 있다.

게다가 그것들은 상호관계를 바꿀 수도 있다. 예를 들어, 라자스는 삿뜨와를 대신해서 지배적이 될 수 있다. 그 경우, 대상의 형태는 완전히 변할 것이다.

하지만 세 가지 구나들은 이런 저런 조합으로 절대 사라지지 않기 때문에, 대상은 그것의 형태와 표현들의 다양성에도 불구하고 본질적인 통합을 유지한다.

이런 이유로 우리는 동일한 마음이 본질적으로 개인의 많은 재탄생들을 통해 존재하는 것을 본다. 마음이 그 형태와 표현을 다양한 화신, 즉 지금은 보기에 대체적으로 악하고, 지금은 대체적으로 선하도록 바꾸도록 만드는 것은 구나들의 유희일 뿐이다.

선한 사람의 마음에, 과거의 악한 인상들은 미세한 형태로 여전히 존재하고 있다. 그리고 미래의 인상들은 그것들이 어떤 것이 되든지,

또한 존재한다.

그렇다면 어떻게 해방이 가능한가?

빠딴잘리는 이미 이 질문에 여러 번 대답했다. 그는 자신의 대답을 이 장의 수뜨라 11에서 다시 진술했다.

우리의 잠재적인 경향성들은 마음에 바탕을 둔다고 그는 말한다.

따라서 사람은 해방을 얻기 위해서, 자신을 마음과 동일시하는 것을 그만둬야 한다. 그가 의심의 여지 없이 자신이 마음이 아니라 아뜨만임을 알 때, 그는 자신의 까르마로부터 자유로워진다.

해방을 얻은 영혼의 마음은 마음의 과거, 현재, 미래의 모든 인상들에도 불구하고, 더 이상 현상의 대상으로서 존재하지 않는다.

그러나 그것은 사라지지 않는다. 그것은 분화되지 않은 물질 즉 쁘라끄리띠 안으로 사라진다. 이런 힌두 말이 있다. 깨달음을 얻은 영혼의 지식은 현재와 미래라는 이 둘이 과거로 바뀐다.

15. 같은 대상이라도 마음의 차이 때문에 다르게 지각될 수 있다. 그러므로 마음은 대상과는 다름에 틀림없다.

16. 대상은 마음의 지각에 의존한다고 할 수 없다. 만약 그렇다면 마음이 대상을 보지 않을 때, 그 대상은 존재하지 않는다고 할 수 있기 때문이다.

이 두 수뜨라에서, 빠딴잘리는 주관적 관념론의 철학을 거부한다.

그는 샹끼야 철학을 따르기 때문에, 마음의 지각과는 독립적인 객관적 세계의 실제를 인정한다. 더욱이 그는 한 개인의 지각이 또 다른 개인의 지각과는 다르다는 것을 지적한다.

주석가들이 주로 제시한 예는 젊고 아름다운 결혼한 여인에 대한 것이다.

그녀는 남편에게 즐거움을 주고, 아름다움으로 인해 다른 여성들이 그녀를 질투하게 만들고, 욕정을 불러일으키고, 자제력이 있는 남자에 의해서는 무관심으로 바라봐진다.

이것들 중 어느 것이 그녀를 실제 있는 그대로 아는 것인가?

그것들 모두 아니다. 안에 있는 것은 감각 지각으로는 알 수가 없다 (1, 43).

17. 대상은 마음의 분위기들에(받아들이느냐 등에) 따라 알려지거나 알려지지 않는다.

18. 마음의 주인인 아뜨만은 변화하지 않기 때문에, 마음의 동요들은 아뜨만에 의하여 항상 알려진다.

19. 마음은 스스로 빛을 내지 못한다(아뜨만의 빛을 반사한다). 마음은 지각의 대상이다.

20. 마음은 주체와 대상을 동시에 지각할 수 없다.

이 책의 맨 처음 즉 제1장, 수뜨라 2에서 보았듯이 마음은 보는 자가 아니다. 마음은 영원히 의식으로 있는 아뜨만의 도구이다.

마음은 단지 간헐적으로 대상들을 의식할 뿐이다. 대상들에 대한 마음의 지각들은 마음의 물결들에 따라 달라진다.

마음은 항상 변하고 있다. 그러므로 마음은 지각의 대상이다. 아뜨만 홀로 변하지 않고 있다. 그러므로 아뜨만은 모든 지각이 평가되어질 수 있는 기준을 제공한다.

비베까난다는 자신의 옆에 같이 움직이고 있는 객차를 달고 달리고 있는 기차의 예를 든다. "이 둘의 움직임을 어느 정도 알아차리는 것은 가능하다. 그러나 여전히 다른 어떤 것이 필요하다.

"움직임은 움직이지 않는 다른 어떤 것이 있을 때에만 지각될 수 있다.

"당신은 절대 변하지 않는 어떤 것을 앎으로써 연결을 완성해야 한다."

마음은 외부 세계에서 마음이 지각하는 어떤 대상과 마찬가지로 지각의 대상이다. 마음은 스스로 빛을 내지 못한다. 다시 말해서, 그것은 태양처럼 빛을 주는 존재가 아니라 달처럼 빛을 반사하는 존재이다.

빛을 주는 존재인 "태양"은 아뜨만이다. 마음은 아뜨만의 반사된 빛에 의해서만 빛나고 지각할 수 있다.

만약 마음이 스스로 빛난다면, 마음은 자신과 외부 대상 모두를 동시에 지각할 수 있어야 한다. 마음은 이것을 할 수 없다.

마음이 외부의 대상을 지각하는 동안에는, 마음은 그 자신을 비출 수 없다. 그 반대도 마찬가지이다.

21. 두 번째 마음이 첫 번째 마음을 지각할 수 있다고 가정한다면, 헤아릴 수 없는 많은 마음들을 지각할 수 있다고 가정해야 할 것이다. 그러면 기억에 혼란이 일어날 것이다.

만약 어느 철학자가 아뜨만의 존재를 받아들이는 것을 피하기 위해서 마음이 실제로 두 개의 마음, 즉 아는 자와 아는 대상이라고 말한다면, 그는 스스로 곤경에 처하게 될 것이다.

왜냐하면 마음 B로 마음 A를 안다면, B를 아는 자로서의 마음 C, C를 아는 자로서의 마음 D 등등을 가정해야 한다.

거기에는 거울로 에워싼 방에 있는 것처럼, 무한한 퇴행이 있을 것이다. 더욱이 이런 각각의 마음들은 개별적인 기억을 가지고 있을 것이기 때문에, 기억의 기능은 완전히 혼란스러워질 것이다.

22. 아뜨만의 순수한 의식은 변화하지 않는다. 그것의 반사가 마음에 떨어지면, 마음은 아뜨만의 모습을 받아들여 의식이 있는 것으로 나타난다.

23. 아뜨만과 지각의 대상들이라는 둘이 마음에 비칠(몰들) 때, 마음은 지각이 가능해진다.

마음은 말하자면 아뜨만과 외부 대상의 중간에 있다. 대상을 지각하는 마음의 힘은 단지 아뜨만으로부터 빌린 것이다.

완전히 깜깜한 방에서, 거울은 그 바로 앞에 서 있는 사람을 반사할 수 없다. 하지만 빛이 들어오면, 거울은 곧바로 사람을 "지각한다".

마찬가지로, 개별 영혼은 힌두 철학에서 "반사된", 또는 "그림자 아뜨만"이라고 알려져 있다. 그것은 독립된 존재가 아니다.

개별 영혼이 지닌 마음은 아뜨만의 반사일 뿐이다. 아뜨만이 독립된 자아의 감각을 생기게 한다.

24. 비록 마음이 수많은 인상(바사나)과 욕망들을 가지고 있을지라도, 마음은 아뜨만에 봉사하기 위해 있다. 마음은 독립적으로 행위를 할 수 없다.

이 세상에 있는 모든 개인이나 힘들의 조합은 그것의 행위나 존재를 위한 목적을 가져야만 한다.

그렇지 않으면, 그것은 계획이 없이 함께 합쳐진 단지 무의미하고, 기능도 없는 대상들의 집합체에 불과할 것이다. 또 이 목적은 그것 자체에 대해 외적인 것이어야 한다.

국회 또는 의회가 공동체를 위해 법률을 제정하는 목적을 가지지 않는다면, 그것은 단지 방 안에 있는 시끄러운 개인들의 집합체일 것이다.

집은 주인이 살면서 그것을 즐기게 되기 전까지는 단지 물건들을 쌓아놓은 것일 뿐이다. 마음도 그러하다.

마음은 상충하는 이해와 욕망들로 소리 지르는 의회와 같다. 의회는 "개회되기" 전까지는 그저 시끄럽고 정신없는 곳이다.

마음은 아뜨만의 외적 의지에 의해서만 목적이 분명해질 수 있다.

25. 분별력이 있는 사람은 마음을 아뜨만으로 여기기를 그친다.

26. 마음이 분별력의 수행 쪽으로 기울 때, 마음은 해방을 향해 움직인다.

27. 만약 마음이 분별력을 약간일지라도 늦추면, 과거 인상들에 기인한 혼란들이 일어날 것이다.

28. 그것들은 (이전에) 깨달음에의 장애물들에서 설명한 방법들로 극복될 수 있다.

그것은 제2장, 수뜨라 10과 11에서 설명했던 것처럼 명상에 의해서 그리고 마음을 다시 그것의 (태고의) 원인으로 돌리는 것 즉 사마디에 이르는 것에 의해서이다.

더운 날에는 계속해서 부채질을 해야 하지만 봄바람이 불면 그럴 필요가 없어진다는 슈리 라마크리슈나의 말이 있다. 깨달음을 얻으면, 은총의 봄바람이 계속해서 느껴진다. 그러면 부채질 즉 계속적인 분별력의 수행은 더 이상 필요하지 않다.

29. 모든 초감각적 힘들을 소유하고 있을지라도 마음이 흐트러지지 않는 사람은 완벽한 분별의 결과로 "덕(다르마)의 구름[41]"이라 불리는 사마디를 얻는다.

30. 그 사마디로 모든 고통의 원인인 무지의 중단과 까르마의 힘으로부터 자유가 온다.

요기가 초감각적 지각의 힘들의 소유로부터 생기는 끔찍한 유혹들에 직면할 때조차도 분별력의 길을 벗어날 수 없을 때, 그 지식은 해방과 신의 희열이 쏟아지는 "미덕의 구름"의 비가 그에게 내린다고 한다.

31. 그때 감각 대상들을 지닌 온 우주는 모든 장애물과 불순물들로부터 자유로운 이 무한한 지식과 비교했을 때 아무것이 아닌 것이 된다.

평범한 감각 의식을 가진 사람에게, 우주는 비밀들로 가득 찬 것처럼 보인다. 발견되고 알려질 것이 무한히 많은 것 같다. 모든 대상은

---

41 법운 사마디, 깨달음의 구름.

공부에의 초대이다. 그는 자신의 무지에 대한 느낌으로 압도당한다.

그러나 깨달음을 얻은 요기에게, 우주는 전혀 신비스럽게 보이지 않는다. 만약 당신이 진흙을 안다면, 당신은 진흙으로 만들어진 모든 것들의 본성을 안다고 말해진다.

따라서 당신이 아뜨만을 안다면, 당신은 우주에 있는 모든 것들의 본성을 아는 것이다.

그렇다면 공을 들인 모든 과학 연구들은 숟가락으로 바닷물을 퍼내려는 아이의 노력과 같아 보인다.

32. 그때 구나들은 그들의 목적을 다했기 때문에 그들의 변화(형)의 연속은 끝에 이른다(초월 된다).

33. 그 끝남과 더불어 시간은 존재하기를 그치고, 영원한 현재가 드러난다.

제2장, 수뜨라 18에서 말했듯이, 구나들은 경험하는 자가 그것을 경험하고 그렇게 해서 해방이 되도록 하기 위해 이 우주를 형성하고 있다고 말해진다.

해방이 이루어지면, 구나들은 자신들의 목적을 달성한 것이다.

시간은 순간들의 연속이다. 그러므로 시간은 매 순간 일어나는 연속적인 구나들의 변화들이다.

그것들의 전체적인 시리즈가 우리의 감각들에 뚜렷이 보이기에 충분히 두드러진 변화를 야기했을 때, 우리는 간격들에 이 순간의 변화들을 자각하게 된다.

예를 들어, 우리는 꽃봉오리가 열리는 것을 순간순간 자각하지는 못한다. 그러나 몇 시간이 걸릴 수도 있는 그 연속의 마지막에, 우리는 변화, 개화하는 꽃을 인식한다.

같은 일이 일련의 인상과 생각들의 마지막에 일어난다. 그 인상과 생각들은 결정 또는 아이디어로 나아간다.

그러나 깨달음을 얻은 영혼에게, 시간은 아무런 실체를 갖지 못한다. 그의 생각 패턴에는 어떤 연속성도 없다.

그는 말하자면 시간을 통제한다. 그는 영원한 지금에 있는 불빛처럼 과거, 현재, 미래를 안다. 제3장, 수뜨라 53을 참고하라.

34. 구나들은 아뜨만을 위해 더 이상 봉사해야 할 것이 없기에, 그것들은 쁘라 끄리띠로 다시 흡수된다. 이것이 해방이다. 아뜨만은 자신의 원래의 모습인 순수 한 의식으로 빛난다.

우리는 마지막을 스와미 비베까난다의 말로 대신하고자 한다.

"자연 즉 쁘라끄리띠의 임무는 이제 완수되었다, 우리의 다정한 보모인 대자연이 그녀 스스로에게 부과되었던 이타적인 이 임무가 이제 완수되었다.

그녀는 말하자면 자기를 잃은 영혼의 손을 부드럽게 잡아주었다.

그리고는 잃어버린 영광이 되살아날 때까지 우주의 모든 경험을, 모든 현현들을 그에게 보여주었다. 그에게 여러 몸들을 부여하면서 그를 점점 더 높은 곳으로 데려갔다. 마침내 그는 자신의 성품을 기억했다.

그런 다음 친절한 어머니는 길이 없는 인생의 사막에서 역시나 길을 잃은 다른 사람들에게로 돌아갔다.

이와 같이 그녀는 시작도 끝도 없이 일하고 있다.

이렇게 해서 즐거움과 고통을 통해, 선과 악을 통해, 영혼들의 무한의 강은 참나 깨달음인 완벽의 바다로 계속 흘러가고 있다.

옮긴이의 참고문헌

Dennis Hill, *Yoga Sutras*, North America & international, 2008.

Edwin F. Bryant, *The Yoga Sutras*, North Point Press, 2009

Georg Feurerstein, *The Yoga Sutras of Patanjali*, Inner Traditions International, 1979

Mark Madison, *Yoga Sutras of Patanjali*, Mark Madison, 2018.

Marshall Govindan, *Kriya Yoga Sutras of Patanjali*, Kriya Yoga Publications, 2000.

Jaganath Carrea, *Inside The Yoga Sutras*, Integral Yoga Publication, 2006.

Swami, Kriyananda, *Demystifying Patanjali*, Crystal Clarity Publishers, 2013.

Swami Sivananda, *Ananda Gita*, The Divine Life Society, 1950

신을 아는 방법

요가 수뜨라

초판발행   2020년 8월 1일

지 은 이   스와미 쁘라바와난다와 크리스토퍼 이셔우드
옮 긴 이   김병채

펴 낸 이   황정선
출판등록   2003년 7월 7일 제62호
펴 낸 곳   슈리 크리슈나다스 아쉬람
주   소   경상남도 창원시 의창구 북면 신리길 35번길 12-9
대표전화   (055) 299-1399
팩시밀리   (055) 299-1373

전자우편   krishnadass@hanmail.net
홈페이지   www.krishnadass.com

ISBN 978-89-91596-65-8 (03270)